# 尼子氏関連武将事典

ハーベスト出版

**山中鹿介幸盛**

富田城落城から３年、永禄12年（1569）に尼子勝久を擁して富田城奪回・尼子再興の旗幟を掲げた。約９年にわたる毛利軍との戦いは、天正６年（1578）上月城（兵庫県佐用町）で敗れ、幕を閉じた。勝久は自刃、鹿介は捕らわれた。鹿介は護送中備中阿井の渡（岡山県高梁市）で討たれ、34歳の生涯を終えた。「願わくば我に七難八苦をあたえたまえ」と三日月に祈ったという逸話は有名。銅像は鹿介没後400年を記念して建立された。

尼子経久画像（広瀬・洞光寺蔵）

**尼子経久**

文明18年（1486）富田城奪回入城後、戦後大名の道を驀進。16世紀前半、山陰・山陽二道にまたがる中国地方の覇者となった。銅像は富田城を望む飯梨川の対岸に整備された三日月公園に平成16年（2004）建立された。

## 尼子晴久

経久の孫で、天文6年（1537）経久の後を継ぎ尼子一門の総帥となり、この前後から山陽方面へ出兵した。天文21年（1552）出雲、伯耆、備前など八か国の守護職に補任されるなど尼子氏最強の権力基盤を築いたといわれている。

絹本着色尼子晴久像（山口県立山口博物館蔵）

尼子義久木像（大覚寺蔵）

## 尼子義久

父晴久の後を継いで富田城主となるが毛利軍の出雲攻略により富田城は永禄9年（1566）降伏落城した。安芸長田（広島県安芸高田市）の円明寺に幽閉された後、毛利とともに長門に移り、奈古（山口県阿武町）で平穏な生涯を送った。

**月山富田城跡**

尼子氏の本拠で、飯梨川を外堀として複雑な地形を利用した中国地方最大級の規模を誇る山城。標高約190m。尼子氏滅亡後、城主は毛利氏、吉川氏と替わり、関ヶ原の戦後、堀尾吉晴入城、その後松江城を築いて移り、富田城は廃城となった。

三の丸から二の丸・本丸を望む

本丸からの眺望。遠く中海、弓ヶ浜、島根半島を望む

# 尼子氏関連武将事典

本書は、島根県広瀬町観光協会（現安来市観光協会広瀬支部）より発行された「尼子盛衰人物記」（昭和六十年（一九八五）十二月）を、改題の上復刻発行するものです。

復刻にあたり藤岡大拙氏が監修し、明らかな誤植と思われるものは監修者と出版社の判断で修正しました。難しい語句は、読み仮名をふり、または平仮名にするなどして読みやすくしました。

# 改訂出版にあたって

安来市広瀬町の生んだ妹尾豊三郎先生は、郷土をこよなく愛した情熱的な歴史家として、多くの人に敬愛されている。特に月山富田城主尼子氏の歴史や、孤忠を貫いた山中鹿介幸盛についての研究においては、故人となられた今日においても、右に出る者はいないと言っても過言ではなかろう。先生は生前多くの著作をなされたが、そのほとんどは昭和四十年代から五十年代に刊行され、しかも、広瀬町観光協会から部数限定、非売品の形で出版されていたので、多くの人が入手困難を託《かこ》っていた。

そこで平成九年に至り、広瀬町とハーベスト出版の協議により、「戦国ロマン広瀬町シリーズ」として、「月山史跡物語」・「月山富田城跡考」・「尼子物語」など十冊を選び、誤字脱字など若干の訂正を加えて復刊され、大いに裨益するところがあった。現在でも店頭において求めることができる。しかるに、「尼子盛衰人物記」は在庫部数のためか、選にもれて今日に至ったのである。そのため入手困難となり、同学の方々から再刊を望む声が澎湃としておこっていた。今回、それに応えるべく、書名を「尼子氏関連武将事典」とあらため、若干の訂正、加筆を行って再刊のはこびとなった。まことに喜ばしいかぎりである。

本書には、尼子一族十二人、尼子家臣二十四人、毛利関係十五人の人物誌を収録しているほか、塩冶高貞や堀尾一族もとりあげ、付録的な記載として、尼子十勇士、尼子九牛士、出雲三十六城、尼子分限帳、尼子滅亡当時の家臣名等々を収載しており、尼子の歴史を知る上で、非常に便利な事典となっている。

従来から定評ある人物誌としては、伊原青々園の「出雲国人物誌」、伊藤菊之輔の「島根県人名事典」、山陰中央新報社の「島根県歴史人物事典」などがあるが、少なくとも、戦国期の尼子氏を中心とした関連武将の人物誌としては、人数や内容において本書が最も優れていると言えるだろう。今後、この事典をふまえ、尼子氏の研究が進展し、さらに充実した人物事典が出現することを期待してやまない。妹尾先生も泉下でそのことを願っておられるに違いない。

最後に、本書の再刊にあたり、ハーベスト出版の山本勝氏の並々ならぬご尽力があったことを付言し、敬意を表する次第である。

平成二十九年三月

ＮＰＯ法人出雲学研究所理事長　藤岡大拙

# 緒　言

富田城は戦国時代に於て尼子・大内・毛利攻防の舞台となった有名な城で、これに関連する武将の数は極めて多いが、その内代表的なもの五十名を取り出し、小伝として纏めてみたのが本書である。

これ等の人々の辿った人世は、平和な今日でも我々の生き方に一種の示唆と教訓を与えており、またそれ等の人物を通して、戦国乱世時代の世相が如何に厳しいものであったかも考えてみたかったのである。

昭和六十年七月

編著者　妹　尾　豊三郎

# 目次

補遺

付録



尼子時代及其ノ以前以後

# 尼子持久【あまご-もちひさ】

生没年不詳

尼子持久は尼子高久の子であり、高久は京極高詮《たかのり》の弟で、父は京極高秀である。明徳二年（一三九一）富田《とだ》城（安来市）の守護山名満幸《みつゆき》が叔父山名氏清と共に反乱した時、足利三代将軍義満はその好機をとらえ、これを討伐して山名氏の勢力削減に成功した。（所謂明徳の乱で、それまで山名氏は「六分一殿」と称せられ、日本六十余州の六分の一を領する大勢力であった）その時大功をたてたのが京極高詮で、これによって高詮は、出雲・隠岐・飛騨・近江半国の守護に任命された。当時高詮は侍所の長官という要職にあったので、自身出雲に下向することは出来なかった。よって自分の弟高久（近江の尼子の庄に住んでいて尼子高久となのっていた）の子持久を守護代として出雲に下向させたのである。

出雲には南北朝の時代から、赤穴《あかな》・三沢《みざわ》・三刀屋《みとや》氏等の旧勢力が定着し、確固たる基盤を築いていたので、如何に守護の権力をかざして国に臨んでも、これ等の国人衆を心服させ、出雲全国を平穏に治めていくことは容易ではなかった。よって持久が出雲に入国して最初に標榜《ひょうぼう》した事は、月山の西南鬼門にあたる山上に（後この山は経塚山と呼ばれるに至った）経塚を築き、そこに一切経を埋め、子孫の永福をはかることであった。子孫の永福をはかる為には、何よりも先ず出雲全国を平穏に統治して行くことが必要である。それには徒らに権威を振りかざして力で国人を強圧するだけでなく、よく民情を考えむしろ憐愍《れんびん》を加え、心から国人を心服させ安堵させることが大切である。それには仏教の訓《おしえ》に基くことが一番適切であると考えたに違いない。経塚とは結局持久の政治姿勢を表わしたもので、私はこれを経塚精神と理解している。

事実、当時の社会は平安朝時代に興った天台、真言の両宗を始め、鎌倉時代にはいると時宗・浄土宗・日蓮宗など新興宗教が相ついで興り、心ある武人は競って仏門に帰依した。持久も確かにその一人であったに違いない。持久は尼子上野介《こうずけのすけ》と言い正雲寺と号した事は、尼子系図にも出ているが、その生年、並に没年月日とも明瞭に指示されている文献は乏しい。それに持久は出雲尼子の祖であり、確かに出雲に於てその生涯を終ったと思われるのに、その墓地と称するものが今日まで指定されてはおらず、幾多の謎に包まれたままである。しからばそれに相当する所が全然ないかと言えば決してそうではない。

国道四三二号線を広瀬（安来市）から布部へ向かって福頼まで上ると、近年そこへ新しく架けられたのが旧道へ向って進出する「下田原橋」である。橋を渡ると突きあたりに中国造林の造林地があり、その南よりの一角に松林があって、その中に里人が昔から「尼子さんの墓」と称してきた所がある。丸い自然石を積み重ねたもので、横三メートル縦並びに高さ一メートル位の長方形のもので、以前はこの中心部に大きい円形の石が据えられていたということであるが、現在ではそれは見当たらない。これを墓石ということは出来兼ねるとしても、尋常一様のものでないことは誰が目に見ても一応納得《なっとく》されるところである。第一に注目されることはその場所についてである。

尼子時代の城下町は南は下田原（或は福頼）から北は赤江の海岸まで十キロにわたって展開され、尼子の最盛時には十万都市であったとさえ言われている。「尼子さんの墓」と称するもののある場所は、その城下町の最も上手《かみて》に位する最南部であり、しかもその場所は富田川を距《へだ》てて西方に聳える経塚山をま正面に見渡す所で、里人たちはそこを「地中寺谷」と呼んでいる。或は昔そこに「地中寺」という寺があったかも知れない。確かに昔この辺に寺院のあった事は、近藤亨氏の裏山には尼子時代のものと思われる宝篋《ほうきょう》印塔の墓石群があり、私も以前この辺に「一字一石」の写経石が、うず高く積み重ねられているのが出土しているのを見たことがある。要するにこの附近にお寺のあったことは事実であり、それが里人等の言い伝える地中寺であったか或は持久の法名正雲寺に関係する寺であったかは明瞭ではない。

どちらにしても出雲尼子の祖である尼子持久の墓地

が、五代にわたって繁栄した尼子氏の時代どこにも造営されていなかったということは、特に仏教熱心であった尼子氏として到底考え得られない所である。或は尼子氏の滅亡と共に湮滅《いんめつ》してしまったかも知れないが、さすがにその場所の人々は「尼子さんの墓」としてこれを後世に伝承して来たものであろう。幸いにして今日その場所が全く崩壊《ほうかい》せずして残存してきたことは、史跡広瀬の幸いであったと考えている。

# 尼子清定（貞）【あまご・きよさだ】

**生年不詳―文明十年頃（一四七八）**

尼子清定（貞）は尼子持久の子で経久の父である。刑部少輔《ぎょうぶしょうゆう》と言った。その生年並びに没年はあまり明瞭ではない。父持久から出雲の守護代職を引き継いだのは、応仁の乱の勃発した応仁元年（一四六七）以前と思われる。当時出雲守護京極氏の領国支配は相当弛緩《しかん》していたらしく、出雲国内の国人衆の中にも、京極氏の守護体制から離脱しようとする傾向が次第に顕著になっていた。その上隣国伯耆の山名党は、東軍（細川勝元）に味方している京極氏の領国出雲にしばしば侵入を企てようとしたし、出雲国内でも応仁二年（一四六八）には、安来十神山城主松田備前守公順が富田城下に侵入したり、文明二年（一四七〇）には三沢対馬守等が国一揆を起していた。伯耆の山名党は文明三年（一四七一）美保関に進入を企てたが、清定によって撃退されたので、今度は陸路から国境線を超えて井尻に進入、難波城（名称については異説がある）を占拠して富田本城へ肉薄しようとしたりした。

最初清定はこれ等の先制攻撃に対してむしろ守勢の態度であったが、一度戦《いくさ》の名分《めいぶん》をつかむと敢然として攻勢に転じ、松田備前守の立てこもる安来の十神山城に対しては何回となく猛烈な攻撃を加えた。十神山は中海の海上権を支配し、富田城への直接の関門となっていた重要地点だったし、また美保関を防衛することは、そこから徴収する公用銭《こうようせん》を確保する点から見ても捨てておけなかった。

当時中央では京極持清が没し、孫童子が守護になったが、幼少かつ病弱だったので、後見人の政高（後政経という）が政務をとっていた。文明五年（一四七三）になると応仁の乱の両首領であった山名持豊（七〇）細川勝元（四四）は相ついで没し、翌文明六年には山名政豊・細川政元の間に講和が成立したので、清定は嫡男又四郎（時に十七歳）を上洛させて、守護京極政高から自分の所領を確認してもらった。尼子経久が歴史の表面に姿を現わすのはこの頃からである。しかし出雲の国内を統一するにはまだ多くの困難があった。その最大なものは、文明八年（一四七六）四月十四日勃発した能義郡土一揆である。土一揆は十六日には上田（植田）・古川に進出、五月二日には三日市に突入、十三日には桜崎あたりで激戦があったが、勇敢な清定は手兵をひきつれて奮戦、よくこれを撃退することが出来た。この報を受けた京極政高は文明八年五月十七日の日付で感状を清定に送った。この頃政高は前年の十月末、江北（北近江）の一戦に敗北したので、出雲に入国していたものと思われる。清定は当初かように国人の反守護的行動を封殺したので、その功により応仁二年（一四六八）には能義郡奉行職や幕府御料所美保関の代官職を得るなど、次第に出雲東部に於てその勢力を扶植し、戦国大名に成長する基礎を固めつつあった。

美保関の公用銭は年額五万疋を負担させられることになっていた。公用銭の主なものは舟役運上金（運上とは中世貢物を京都に運送し上納したことで、運上金は結局税金のことで、舟役運上金とは船に課せられる税金である）である。この舟役（勘過料・駄別諸役・帆別料等）を徴収することは、美保関代官職の最も重要な任務で、清定はこの代官職を応仁二年（一四六八）十二月戦功によって認められていた。ところが、文明六年（一四七四）又四郎（後の経久）が上洛した時、一万疋は納めなくてもよいように要望したので、文明七年（一四七五）から文明十一年（一四七九）までの五カ年間は、年額四万疋の上納で一万疋は免除されることとなったが、文明十二年（一四八〇）からは定めの通り五万疋納めるように約束してあったのである。(結局これは五カ年間の減税であるが、何がゆえにこの減税を申請し、またそれが許可されるに至ったのかその理由は明かではない)なお、政高は文明八年(一四七六)四月清定に対し、「美保関代官職のことは安堵するから公用金は必ず納めるように」と固く命じていた。しかるに清定は年額四万疋の公用金さえも、その上納を緩怠《けたい》するようになってきたのである。

文明九年(一四七七)になると、清定の子経久は二十になっていた。文書の上で清定関係のものが見られるのは、文明八年(一四七六)九月二十一日付までで、その以後清定の名の記された文書はない。又四郎が経久となのったのは文明九年(一四七七)頃で、経久の「経」の一字は京極政経の「経」の一字をもらったものと言われている。従って、経久が清定に代って尼子家の当主となったのは、文明九年頃と思われる。清定の末年は明らかではない。雲陽軍実記には「清定は牢人《にん》の身となり漂泊流浪《るろう》の内に病死す」とだけ誌されている。

京極政高が何時の頃から政経となのったかということについて、米原正義博士は次のように述べておられる。「文明八年九月二十一日付の文書では政高であるが、同十一年八月二十六日付では政経となっており花押も改められている。すると政高はおよそ文明九年か十年頃政経と改名したように思われる。そして経久の経の字は政経の下の字をもらったろうから、又四郎が経久と称したのもおよそこの頃と推定される。要するに清定の末年は不明で、段銭(段別に賦課した税金)公役を怠ったために文明十六年三月討伐令を受けた時、経久はすでに二十七歳になっていたので、清定はそれ以前に於て隠退したか或は死没していたものかと考えられる。」

洞光寺誌によると、尼子経久は文明十八年(一四八六)富田城奪回の後、大拙真雄禅師に帰依し清定の塋《けい》域《いき》を洞光寺内(富田新宮村金尾の地)に設け、父を開基として洞光寺殿華山常金大居士と追謚《ついし》したと誌してある。清定もなかなかの猛将であった事が想像される。

# 尼子経久【あまご-つねひさ】

長禄二年（一四五八）―天文十年（一五四一）

尼子経久は長禄二年（一四五八）十一月二十日、尼子清定（貞）の嫡男として生まれた。母は眞木《まき》上野介の女である。幼名は又四郎と言ったが長じて経久となのった。これは出雲の守護京極政経の「経」の一字をもらったものである。文明六年（一四七四）十七歳の時初めて京都にのぼり、民部少輔に任ぜられ、大永六年（一五二六）頃からは伊予守と称した。文明六年、年若くして上京したのは、その頃父清定がすでに美保関公用銭を懈怠《けたい》する等、主家京極氏の出雲支配に対する対抗意識が見えたので、それを牽制する配慮があったと思われる。

経久が帰国したのは文明十年（一四七八）頃で、爾来清定・経久の態度は段銭並びに美保関公用銭の懈怠が露骨になり、明らかに守護体制から脱皮して戦国大名へ発展せんとする志向が顕著になって来た。この傾向を察知した守護京極政経は、守護代を罷免《ひめん》して清定、経久を富田城から追放し、代って塩冶掃部介にこれを命じた。猛将で名高い清定は当時まだ健在であり、その子経久もすでに二十七歳に成長していた。しかるにかくも簡単に政経によって追放を受けたのは、京極氏の軍事力に屈服したのではなく、出雲の旧勢力（主として出雲の西部）の反撃によったもので、この時の失脚は経久後年の経営に大いなる教訓となったと思われる。

雲陽軍実記や陰徳太平記などの軍記物によると、清定失脚後経久とその弟義勝（一本久幸）とは母の生家である仁多の眞木家にかくれ、密かに時節の到来を待っていたが、文明十八年（一四八六）一月一日、経久は山中党十七人、尼子恩顧の人々五十六人並びに富田城下に住んでいた志ある人の協力を得て富田城に進入、守護代塩冶掃部介を討ち取って富田城奪回に成功したと誌してある。経久の狙ったのは政権の交代で、主家京極氏の覆滅《ふくめつ》ではない。その後出雲にいた京極政経は家臣団の分裂により自家崩壊し、事実経久の領国大名への成長となっていった。経久はその後三沢・三刀屋、赤穴などの国人を次第に制圧・懐柔《かいじゅう》してこれ等を安堵し、永正五年（一五〇八）頃にはほぼ出雲一国の平定を完了するに至った。

当時中国地方に於ける最強の守護大名は大内義興で、足利義稙《よしたね》を奉じて上洛し、中央に於てその勢威を振っていた。経久は義興の領国不在を好機とし、出雲周辺諸国の経営に努めた。義興が帰国してからでも経久は既に基盤の確立を図った既往の実績に立って、安芸・備後・備中・石見方面に於て大内勢力と抗争して常に優位を保つに至ったので、大永年間（一五二一―一五二八）には十一州を征覇したといわれている。しかしそれは幕府から十一州の守護に補任されたということではなく、実質経久の威令下にあったのは、出雲・隠岐・伯耆・石見を基盤に安芸・備後六カ国程度であったと思われる。

その間若干の誤算並びに不祥事件も続発したのである。例えば大永四年（一五二四）毛利元就主家相続の際は、不明にも元就の弟元綱を推して元就を大内氏に走らせ、天文元年（一五三二）には三男興久の反乱があって骨肉相争い、更に永正十五年（一五一八）には大東阿用の桜井宗的と戦い、柱石であった嫡子政久を失う等大打撃を受けていたので、嫡孫晴久が成長するまで寸刻の油断も許さない奮闘を続けざるを得なかった。

かくの如き経久も天文六年（一五三七）になると八十歳という老齢に達したので、流石の経久もその限界を考え、二十四歳になったばかりの嫡孫晴久に家督をゆずり隠退せざるを得なくなった。かかる状況下に於て起こったのが、天文九年（一五四〇）晴久の考えた安芸吉田郡山城に毛利元就征伐の事件であった。病中の経久は苦しい頭をもたげ、極力その無謀を説き、また大叔父の下野守義勝も万全の謀を授けて晴久の軽挙を戒めたが、血気の晴久をして反省せしめるには至らず、全く匙《さじ》を投げ出す状態であった。結果は明瞭、晴久の大敗北となり、天文十年（一五四一）一月十三日は下野守義勝の戦死となり、憂悶の極にあった経久は同年十一月十三日、月こそ違え同じ日にその一生を終った。年八十四歳であった。尼子の盛時は経久・義勝兄弟の協力と努力によって出来たものであり、この兄弟こそはまさに興国の大恩人であった。ゆえに両人とも興国院殿と諡《おくりな》されているのである。

経久　興国院殿月叟省心大居士

（一説興国院殿月窓清心大居士）

義勝　興国院殿無塵全可大居士

経久の人物を最も適格に表わしたものに延徳二年（一四九〇）前大徳寺春浦《しゅんぽ》宗熈《そうき》が経久画像に書き入れた次の如き画賛がある。経久画像は二幅あって松江洞光寺所有のものは文化財になっており、広瀬洞光寺のものはやや新しい。洞光寺は経久が明応八年（一四九九）父清定菩提のため富田金尾の地に建立したのが始めであり、開山は経久の帰依した大拙眞雄禅師である。洞光寺は松江開府後富田より松江に移ったが、富田城下町は従前通り残っていたので、洞光寺は松江洞光寺より別れ、金尾の地に再び帰って来た。しかるに寛永年中度重なる洪水があり、金尾から現位置に移転した。富田全街が流失した寛文六年（一六六六）はそれより三十年も後のことである。かような事情によって松江洞光寺の画像が実物であり、広瀬洞光寺の画像は実物の模写であることは識者の認めるところである。

前大徳寺春浦宗熈の経久画像賛（原文漢文）

忠功懿《うる》わし、機鋒凛然たり、雲州を安撫し、庶黎《しょれい》威に振う、萬世に颪《いきお》い、皇家の聖運を佐輔して、杲日《こうじつ》を九天に捧ぐ、重城嶮を負い、万跌《てつ》前《すす》む無し、一劍傍らにあり、則ち仏祖も命を乞い、千手身に備わり、則ち鬼神も便を失す。しかのみならず、知言の下に多子無し、教化を信ずるに便伝あり、円相を劃破し、陳操《ちんそう》を截断し、脚跟《きゃくこん》下に江水を吸盡し、併せて龐老《ほうろう》を却《しりぞ》く、口皮の辺、正與麼《よも》の時、何を以て験と為さん、丹青図《はか》り難し、本来の面一段と光明して八挺《てい》を照らす。

延徳二祀季春上澣日　前大徳寺春浦宗熈書

経久は文化教養面にもすぐれ、三條西実隆などの学者とも親交があり、和歌を詠み、伊勢物語などの古典に親しみ、絵筆でもすぐれ法体自画像なども現存している。これには「前の眞如　現洞春永明筆」として賛が次のように記されてある。（原文漢文）

省心居士諱《いみな》は経久、字は伊予守、姓は尼子、雲州富田の城主なり。其の先は宇多天皇第八皇子敦実親王二十一代の苗裔なり。保元平治の間、佐々木冠者秀義という者有り。即ちその後胤なり。父清定馬木上野介の女《むすめ》を娶《めと》り、経久を長禄二戊寅十一月廿日に生む。字は又四郎、長ずるに及んで民部少輔と称す、実に絶倫の奇才にして姿度広大にして浩々たり洋々たり、淵乎として量る可からざるのみ。爰に其の行事を考うるに、志は周武（周の武王）を慕い、気は殷湯《いんとう》（殷の湯王）を倣《なら》う、衆を率いるに信を以てし、士を待《たい》するに礼を以てす。是を以って上下交和し、老幼以って康《やす》し、古代己に謝《しゃ》し亦異世の一時たりと雖も、義旗一たび挙ぐれば、士卒林会し、中北国を抜き、終に十一州を守る。功勲多々、論を備う可からず、春秋八十有四、天文十年丑仲冬十三日逝く。令孫時久、一日禅扉を敲き、示すに経久自画像を以てし、賛を請う、予不文と雖も、厚誼の厚きを以て辞せず、其の需に応ずると爾《しか》云う。

邈《はる》かなり遠祖、系は天皇よりす、六軍の勇を具《そな》え、千夫の望を爲す、民に臨むに信を以てし、士を労するに方《ほう》（正）あり、氣奪う可からず、力誰か敢て当らん。名一海に播《あふ》れ、威八荒に振う、暑さ往き寒至り、二百星霜、頻繁行潦《ひんぱんこうりょう》（少しばかりの供物）式《もって》前《すす》み式《もって》湘《に》る、嘉声（名声に同じ）朽ちず、奕世《えきせい》（代々、累世に同じ）弥光《びこう》（弥日に同じく日数を重ねる）

前《さき》の眞如、現洞春永明筆、獅子窟中

この讃を書き入れたのは経久没後二百年のことであるが、惜しいことに書き入れた年月日は明記してなく、また孫時久とあるのは経久の末裔であろう。

## 尼子義勝（一本久幸《ひさゆき》）【あまご-よしかつ】

**生年不詳—天文十年（一五四一）**

尼子義勝は尼子清定（貞）の二男で、尼子経久の弟である。兄の経久は文明九年（一四七七）頃、父清定に代って尼子の家督をついだが、文明十四年（一四八二）頃から漸く段銭諸役を怠納するようになり、守護体制から離反しようとする形勢が見えてきたので、幕府は遂に経久討伐の令を下すに至った。かくして経久は守護代の職を塩冶《えんや》掃部介《かもんのすけ》に奪われ、母の実家眞木上野介方に身を寄せる流浪の身となった。この時兄と運命を共にし、つぶさに辛酸を経て来たのがその弟義勝（一本久幸ともあり）であった。

文明十八年（一四八六）兄経久が奇計をもって富田城を奪回し、次第に勢力をのばしていった裏に、義勝協力の功のあったことは極めて大きい。永正十五年（一五一八）九月六日、政久が大原郡東阿用磨石《とぎし》山城に於て、桜井宗的と交戦中横死を遂げた時、義勝は伯耆に出陣中であったので、政久のために弔合戦をすることは出来なかった。経久は亀井安綱並びに国久・興久等に兵四千を与え、自らも二千を率いて磨石城を攻めたてたので、宗的も遂にたまらず城に火を放ち、自ら火中に飛びこんでその命を絶った。（その時兵火にかかった城内の兵糧米は炭化して後年まで土中に残っていた）

宗的を滅した経久は富田城に凱旋して一族郎党を集めて言った。

「この度《たび》政久が横死をとげた事は実に痛恨極りない。自分もすでに年老いたので、家督を孫詮久《あきひさ》（後の晴久）に譲ろうと思うけれども、彼はまだ幼年である。二男国久は武には勝れているが文にはいささか見劣りがする。それに比べわが弟義勝は年齢も彼等よりは遥かに長じ、かつ度々の合戦にその功労も少くない。よってこの際彼に家督をゆずろうと思う。」

兄経久からこの話を聞いた義勝は、固くこれを断って、

「詮久は幼少ではあるが（当時五歳であった）尼子家

の嫡孫である。それに家兄はなお強健であられる（経久は天文十年八十四歳で死んでいるので、永正十五年はまだ六十一歳であった）。だから詮久の成長を待って彼に家を継がせることが最も至当である。自分は誠意を尽してこれを補佐し、尼子の発展を期したいと考えている。」

と誠心を面にあらわして言ったので、なみ居る群臣もみなその意見に賛同した。詮久はここで名を晴久と改め（晴久の晴は足利十二代将軍義晴の下の一字晴をもらったと言われている）、義勝は富田にいてこれを補佐した。

かように義勝は大義名分を重んじ理非を正し、誠心をもって兄経久を輔けたが、戦場に於ては極めて慎重で、必ず勝つという自信がつくまでは絶対に兵を動かさなかった。人々はこれを見て「尼子比久尼《びくに》」と嘲《あざ》けっていたが、尼子が強大な勢力に発展していった陰に、義勝輔弼《ほひつ》の功のあったことを認めなければならない。

大永三年、安芸の毛利元就は兄興元の死後、毛利の宗家を継いだ。この時相続の問題から元就は尼子氏と隙《げき》を生じ、遂に尼子氏と断交して大内氏と親交を結ぶに至った。この事は年少気鋭の晴久にとって極めて不快であったに相違ない。その上元就が急に勢力を増していくのを見て、晴久は天文九年（一五四〇）九月、五万の大軍を率い、元就を討伐しようと思い、その事を経久に相談してみた。その時病床の経久を看護していた下野守義勝は、

「元就が尼子を離反したのはまことに心外である。しかし元就は文武両道の立派な大将であるから、決して軽はずみの戦をしてはならない。自分が色々考えてみるに、津和野三本松城の吉見大蔵正頼は大内に味方している（正頼の姉は大内義隆の妻であった）。よって自分は一万騎を率い、正頼を討って三本松に立て籠り、山口へ攻め入る勢を示してみよう。国久は同じく一万騎をひきつれ備後へ討って出て、三次辺の要塞に立て籠れば、安芸の国は容易に動くことは出来なくなるだろう。かくしておいて晴久は軍勢二万騎をひきつれ、赤穴表へ陣を張って元就の軍の動きを監視するがよい。こうして彼を籠城に押しこめたら、如何に智謀

の元就といえども手を出すことが出来ない。大内が救いに出かけようと思っても、自分が津和野に構えていれば、山口が危いと思って、うかつには動くまい。どちらにしても今度の戦いは、あまり短兵急に運んではいけない。」

と進言した。経久も病床の中から苦しい声をあげ、

「いかにも義勝の申す通りだ。小勢だからと言って元就を侮ってはならない。自分ももう老齢になった。これ以上の長生きは出来ない。自分の亡きあとは義勝を我と思い万事彼が諫《いさめ》を聞いて国を治めよ。」

と言ったが、尼子の力を過信している新進気鋭の晴久には通じなかった。遂に天文九年（一五四〇）八月十四日、自ら大将となって一万騎をひきつれ富田城を出発、九月四日安芸国高田郡に到着、元就の本城郡山の向かいにある青山・光井山に陣を張った。大内義隆は尼子晴久が吉田郡山城を取り囲んだと聞き、これが援軍として陶隆房《すえたかふさ》（のち晴賢）を大将に山口を進発させた。隆房軍は十二月三日郡山南東の山田中山に陣をしいたが、折からの大雪のため決戦は年のあけるのを待ってしようと待機していた。

天文十年（一五四一）一月十三日を期し、大内勢二万騎は本格的に攻めかかって来たので義勝は、

「平生臆病《おくびょう》者とあざけられた尼子比久尼《びくに》が討死するのは今日である。」

と真先に進み、獅子奮迅の働きをしたが、吉田勢の中にいた中原善左衛門の放った大雁俣《かりまた》の矢を眉間に受け落馬して遂に華々しい最後をとげた。法号は興国院殿無塵全可大居士、墓地は吉田にも富田にもあったが、富田にあったのは現在宝篋印塔の石塔だけが城安寺境内に移されている。

## 尼子政久【あまご-まさひさ】

明応三年（一四九四）―永正十五年（一五一八）

尼子政久は経久の嫡男で、母は吉川基経の女である。幼名は又四郎と言い、民部少輔《しょうゆう》とも言った。出雲私史

によると、永正十五年（一五一八）九月六日、二十六歳戦死とあるから（異説あり）、逆算すれば明応三年（一四九四）頃の誕生であろう。母は教養の豊かな婦人だったので、その感化を受け、詩歌《しいか》管絃に長じ、特に横笛の名手で後土御門上皇の仙洞御所に伺候した時には、必ず管絃の御相手を仕ったという。陰徳太平記などにも「花実相応の大将」と記されてあり、弟の国久・興久と違い文武両道の武将であった。

その頃室町の中央政府に於ては、権力を握っていた細川政元が十代将軍足利義稙《よしたね》（義視の子）を幽閉し、堀越公方《くぼう》の義澄《よしずみ》を将軍にたてることに成功した。よって義稙は逃げて周防の大内氏に援《たすけ》を求めた。大内義興は義稙を再び将軍に返さんと、これを奉じて京都へ攻めのぼった。その時尼子経久も諸将を率いてこれに従ったのである。これに恐れて義澄は近江に逃げ六角定頼（尼子氏同様先祖は近江源氏である）を頼んだが、朝廷では義澄の官職を取りあげ義稙を将軍に返すこととなった。これひとえに大内義興の功労によることなので、義興は管領職に抜擢された。おさまらないのは義澄を守りたてた六角定頼である。よって兵を率いて京都に攻め入ったが、大内義興が二条大宮に陣してこれを防ぎ、経久もまた亀井安綱・湯美作守泰敏《やすとし》・牛尾遠江守幸清・三沢備前守為幸・三刀屋弾正左衛門為虎等の諸将二千騎を率い大いに六角軍を破ったので、定頼は後日を期し、逢坂を越えて近江へ帰ってしまった。義澄は結局近江で死んだ。義澄には義晴と義維《よしこれ》との二人の子があった。定頼は義澄の子義晴を奉じ兵を起さんとしたが、まだ時期は熟さなかった。（結局義晴は後に十二代将軍になるのである）

中央の情況がこのように混沌《こんとん》としている時、山陰では尼子・大内が境界を接していたので互いに争い、その勢力は互角の勢であったが、何しろ義興は十代将軍義稙擁立の功が大きかったので、その威権は遥かに経久をしのいでいたのである。この事情を察した近江の六角定頼は、経久と結んで義興を牽制しようとした。経久も内心その申し出でを喜んだが、まだ山陰の政情が安定していなかったので、一応出雲に帰り捲土重来《けんどじゅうらい》を期していた。伯耆尾高城主行松や因幡羽衣石《うえし》城主南條豊後守宗勝等が、経久に対して反旗を翻したのはこの時点である。

経久は永正十五年（一五一八）七月、弟の義勝（一本久幸）に命じ羽衣石並びに尾高討伐のため大軍を伯耆に出動させた。この事を聞いた大原郡東阿用磨石《とぎし》山城主櫻井宗的は一族郎党を集め、

「自分は京極氏によってこの土地の安堵を得た。しかるに経久は流浪の身をもって富田城を襲い遂にこれを奪った。自分は断じて経久に膝を屈する意志はない。噂に聞けば経久はこの頃伯耆に攻め入っている由、恐らく富田城の残兵はあまり多くはないだろう。事を起こすには絶好の機会である。」

と、ここに反旗を翻したのである。経久はこれを聞いて、

「捨てて置けば国内に変を起こすかも知れない。」

と、永正十五年（一五一八）八月長男民部少輔《しょうゆう》政久に命じ、兵七千騎を与えて磨石城を攻めさせたが、天嶮の山城なので容易に攻め落すことが出来ない。よって政久は持久《じきゅう》の計をたて、櫓を築いて城を望み、楼にあがって酒宴を開き、いかにも戦を怠っているかのように見せかけていた。これは全く宗的の討って出るのを待って殲滅《せんめつ》させようとの作戦であったが、老功の宗的はなかなかその手には乗らなかった。宗的は或る夜密かに城を出て様子を窺っていると、楼上では月に向かって笛を吹いている者がある。その音色は並々ではない。かねて政久は笛の名手と聞き及んでいたので、これこそまさしく政久に違いないと、夜な夜な城から抜け出し、竹林に隠れて様子を窺っていた。ある夜またま笛の音を聞いたので、十三束三伏《そくみつぶせ》の矢を引き絞り、声を目あてにひょうと放つと、矢は誤たず政久の喉《のど》を貫き、ついにその命を奪ってしまった。政久時に二十六歳、永正十五年（一五一八）九月六日であった。

政久の横死は尼子に大きな痛手を与えた。このため経久は嫡孫晴久の成長を見るまで老軀をひっさげて奮闘を続けて行かなければならなくなった。政久の法名は不白院殿花屋常榮居士と言い、墓は松江市八雲町熊野の常榮寺裏山にある。

# 尼子国久【あまご・くにひさ】

明応元年（一四九二）—天文二十三年（一五五四）

尼子国久は経久の二男である。幼名孫四郎、刑部《ぎょうぶ》少輔《しょうゆう》・紀伊守と言った。母は兄政久と同じく吉川駿河守経基の女、妻は多胡忠重入道悉休《しっきゅう》の女である。

天文六年（一五三七）尼子経久は家督を孫晴久に譲った時、八十歳になっていた経久は二十三歳になっていた晴久（当時はまだ詮久《あきひさ》と言っていた）の補佐として、文事は義勝（久幸）に武事は国久に当たらせようと考えていたので、国久は新宮館に居らせ、新宮党の首領として尼子の藩屏《はんぺい》とさせたのである。

天文十年（一五四一）十月九日、因幡に出陣した国久は、橋津川の戦いに於て、長男豊久を戦死させたが、よく奮戦して武田山城守を討ち取った。この時南條豊後守宗勝は橋桁が折れて川に落ち、三百余名が溺死した。宗勝は漁船に助けられて辛くも助かった。

天文十三年（一五四四）七月、国久はその子誠久《さねひさ》・敬久《たかひさ》と共に亀井秀綱・牛尾幸清・平野又右衛門以下七千余人をひきつれ、富田を出発して備後に入り、府野《ふの》（三次市）に着陣して比恵尾城《ひえびじょう》（同上）主三吉広隆を攻めた。この報に接した元就は、福原貞俊・兒玉就忠を将とし一千余人を与え、七月二十五日吉田を出発して広隆を援助させた。両軍は七月二十八日府野に於て猛烈な戦闘を開始したが、毛利軍は当日の濃霧と地形をよく知っていなかった為に大敗した。これを世に「府野くずれ」と言っている。

この様に新宮党は尼子軍団の中核として赫々たる戦果をあげたにも拘らず、城主晴久によって族滅されるという悲惨事を起した。殊に晴久の妻は国久の息女であったから、晴久は岳父《がくふ》以下一族を皆殺しにしたということになる。そもそも新宮党族滅の原因はどこにあったか、これには諸説がある。

一、誠久《さねひさ》は武功に誇り、尼子の武将を軽侮し不遜の行跡が多かった。

一、誠久の妻の父多賀左衛門尉は天文十一年（一五四二）尼子にそむいたので、国久はその家領を誠久の嫡男氏久に譲らさせた。ところが国久は我が子与四郎（誠久の弟）を愛していたので、氏久に譲らせていたものを与四郎に与えようとした。国久の処置を怨んだ氏久は、国久謀反の事を晴久に讒言したというのである。

一、経久の弟義勝（久幸）の子経貞は、自分が幼年の時父の領地を国久に預けておいたが、自分が成長したにも拘らず、容易に返してくれない。よって国久の事を晴久に讒言した。

一、天文十二年（一五四三）晴久の嬖臣《へいしん》里田采女《うねめ》・目黒右近の両人は、誠久によって富田城内の広縁から庭先へ投げ飛ばされ、頭をうって暫く出仕の出来なかった事件があった。

一、誠久は末次讃岐守の高い鼻をねじ曲げたり、中井平三兵衛の髯《ひげ》を捻《ね》じふせたり傍若無人の所行が多く、尼子の家臣から嫌われていた。

等の問題が多く重なっていた。

要するに国久には利己的なことがあって一族からは嫌われており、誠久は横暴で尼子武士一般から煙たがられていた。かように一般から反感のあったところへ、元就の謀略が巧みに作用したのである。結局は晴久の統制力に減点があったと見なければならない。

事件の発生したのは天文二十三年（一五五四）十一月一日である。この日は来年度の予算会議のため、尼子の主だった人々は殿中に集ることになっていた。晴久はこの日を期して一挙に新宮党を族滅しようと隠密《おんみつ》の裡に計画をすすめた。かくとは知らぬ国久は新宮館を出で、菅谷口から山中《さんちゅう》御殿へ通う隘路《あいろ》まで来た。右側は岡の上に稲荷社があり、左側は深い谷になっている。谷の底には予《あらかじ》め三十人余りの武士達が待機していた。比較的狭い畷《なわて》道まで国久がのぼって来た時、待ち受けていた本田豊前守と平野又右衛門が飛び出して国久に組みつき、谷底に転がり落ちると、そこに待ち設けていた三刀屋蔵人・中井駿河守等がおっとり囲んで国久を討ち取った。国久時に六十三歳、法名は松巖良吟居士といい、墓は新宮館あとにある。これは尼子敬久十代の孫正司敬棋の曽孫、肥前有田の久富二六氏が、昭和十二年（一九三七）の秋整理建立したものである。

## 尼子興久【あまご・おきひさ】

明応六年（一四九七）—天文三年（一五三四）

尼子興久は経久の三男である。塩冶宮内大輔《たいゆう》といった。塩冶というのは現在出雲市内にある地名で、そこにある大廻《おおさこ》城は出雲守護であった塩冶頼泰（佐々木義清の子佐々木泰清の子で、出雲の塩冶において塩冶氏と称した）の居城であり、興久はその南方にある上塩冶の要害山城主として、経久より三千貫を与えられ、塩冶の地を治めていたので塩冶となのっていた。元来剛勇の士で、富田城内で妖怪を退治した話なども載せられている。興久は父経久と争い、天文三年（一五三四）三十八歳で自殺したが、これは尼子衰運の前兆となったもので、雲陽軍実記や陰徳太平記などにもかなり詳細にその事情が述べられている。

興久は自分が尼子氏一門の身分でありながら、たかだか塩冶三千貫程度の所領では体面上不足に思っていた。（経久の盛時尼子氏は二百万石と言われていた）よって尼子の重臣亀井秀綱を通じ、更に原手郡七百貫を賜りたいと願い出させた。（原手郡とは現在の簸川平野の一部で、尼子氏にとっては出雲に於ける穀倉の最重要地域であった）この時経久は、

「ほかの所ならば一千貫与えてもよいが、原手郡は与えられない。」

と答えた。興久はこれは結局中に立った秀綱の讒言によるものであろうと思い、秀綱を討伐しようと考えた。こうなっては尼子の一門と家臣との内部抗争となり、その影響の及ぶところ極めて大である。経久は、

「かかる所行に及ぶとは結局我に向かって弓を引くのと同じである。」

と考え、むしろ秀綱の立場を保護してやろうとしたから、興久の感情は遂に爆発した。

「わが子を捨てて家臣に組するとは何事か。」と言うのである。経久にして見れば一人のわが子よりも、家臣団の離反の方を更に重大に考えたのであった。

興久の家来米原小平内（米原綱寛の一門）・亀井新次郎（亀井秀綱の弟利綱《としつな》）等は面《おもて》を正して諌言したが興久は聞かず、佐陀城（松江市鹿島町佐陀）に今岡弥五郎ほか五百人をこもらせ、ついに経久に対して叛旗をひるがえすに至った。経久は自ら七千余騎を引きつれ、佐陀城を腹背から攻撃して今岡以下の城兵を平げた。この時塩冶にいた興久は佐陀城を救わんと急遽出陣したが、途中でその落城を知ったので、若林伯耆守の守っている末次城（場所については二説ある。一説には松江城の前身地宇賀山といい、一説は後年元就が陣地を築いた洗合の天倫寺山ともいう）を攻撃したが、富田城から援軍が駆けつけたので、米原小平内、亀井新次郎は奮戦して共に壮烈な最期をとげ、興久を無事塩冶の城に帰らせた。その後興久は塩冶にも居られなくなり、自分の舅にあたる備後甲山《こうやま》城主（庄原市）山内直通を頼って落ちのびたが、二年後の天文三年（一五三四）経久は重臣黒正甚兵衛を甲山に遣《つか》わし、直通に対して興久の処置を諭した。進退谷《きわま》った興久は遂に自殺して果てた。年三十八歳であった。直通は興久の首を経久に送った。経久は変りはてたわが子の首を一目見てその姿に驚き、爾来経久の老衰は加速度的に進んだ。この時経久は七十七歳になっていたが、孫晴久がまだ丁年に達していなかったので、老躯をひっさげて富田城の権威を保っていかなければならなくなった。

尼子氏の末期には不幸が連発し、これが結局積み重って尼子滅亡の遠因となっていったのである。その第一は永正十五年（一五一八）経久の嫡男政久が二十六歳で横死したこと。第二は天文三年（一五三四）尼子興久が父子抗争の結果、多くの良臣を失い興久自身も自殺したこと。第三は天文二十三年（一五五四）城主晴久によって新宮党が族滅されたこと。第四は永禄三年（一五六〇）尼子の重大時局にあたって晴久が頓死した事等である。経久には三人の子があったが、三人ともに横死を遂げる運命になったところに尼子氏滅亡の悲運があった。とりわけ興久叛乱の裏面には、それに関与した武将の人間像がいろいろ織りなされて伝えられている。

最初亀井新次郎（利綱といい秀綱の弟）と米原小平内（米原綱寛の一門）とは誠心を面に現わして興久の叛心を諫めたが、興久が聞かなかったので、この上は主君と運命を共にするのが臣下の道と考え、覚悟を決めたのである。新次郎は興久の決心を報告するため月山に経久を訪ねた。経久は新次郎に月山に留まる様奨めたが、新次郎は経久の請を入れず退出すると、馬上から矢二筋を門柱に射立てて去った。この時新次郎にはすでに決死の覚悟が出来ていたのである。

佐陀城兵が玉砕した時に、城将今岡弥五郎の首だけはまだ見つからなかった。今岡は宍道湖畔の水草の中に首だけ出して隠れていたのを討ち取られた。一騎当千の武者、叛乱将兵二十七人の首が富田城内に梟首《きょうしゅ》された時、弥五郎の首を最後にかけようとすると、経久はその首は「最上段にかけよ」と命じ、譜代重恩二十七名を鬼伝録に誌し、岩倉寺で鄭重にその菩提を弔った。

末次合戦の時、亀井と米原は最後まで奮戦して興久を逃がそうと踏みとどまった。その時亀井は、

「興久ほどの大将の部下に、これとなのる人間の一人もいなかったというのは残念である。自分はここで切り死するから、御辺は興久の旗本へ引き返し後事の計を頼む。」

と切り死して果てた。米原は興久を守りながら逃げて行ったが、若林伯耆守が追っかけて来たので、これと一騎討の勝負をし、これもまた壮烈な最期を遂げた。

興久は無事備後の甲山城まで逃げて行ったが、黒正甚兵衛が交渉に来ると、

「自分の心得一つで大切な尼子の人々を数多く殺したことは、まことに申し訳ない。」

と切腹して果てた。経久の心中から見ると、譜代の家臣は一門よりもその所遇が一層重大であると考えたのであろう。興久の叛乱は結局尼子にとって何一つ利するところはなかったのである。

# 尼子晴久【あまご-はるひさ】

永正十一年(一五一四)―永禄三年(一五六〇)

尼子晴久は尼子政久の二男で、経久の孫である。幼名は三郎四郎と言い、初めの名は詮久《あきひさ》と言ったが、天文十年(一五四一)十二代将軍足利義晴の晴の一字をもらって晴久と改名した。官名は最初民部少輔《しょうゆう》であったが、天文二十一年(一五五二)十二月三日修理大夫《だいぶ》にかわった。母は山名兵庫頭の女であり、妻は尼子紀伊守国久の女(竹芳妙聴大姉)である。永正十五年(一五一八)九月六日、父政久が阿用で死んだ時、五歳であった。(晴久の生年月日は明瞭ではないが永正十一年頃と推定される。)天文六年(一五三七)、経久は八十歳になり、晴久は二十歳に成人した。よって家督を祖父経久より受け、尼子一門の総帥となったが、これを補佐したのは叔父の下野守義勝(久幸)である。

この前後から晴久は頻りに周辺の国々に兵を出し、次第に備中・美作・備前・播磨までに及ぶ勢となったが、大永四年(一五二四)毛利元就が毛利家の家督を継ぎ、大内氏と結ぶにいたると、元就は次第に勢力を伸ばし、尼子氏の脅威《きょうい》になってきた。二十四歳になっていた新進気鋭の晴久は、これを黙止することが出来ず、経久や義勝の諌めをも聴かず、天文九年(一五四〇)九月、大軍を率い郡山遠征の軍を起こした。この戦は大内義隆の武将陶隆房の来援によって、天文十年(一五四一)一月十三日、尼子の重鎮下野守義勝は戦死し、晴久は富田城に敗走する結果となった。その上その年の十一月十三日には祖父経久が八十四歳の生涯を終える等、尼子氏にとっては実に最大の危機に直面したのである。

かかる情勢を見た山口の大内義隆は、毛利元就並びに大内に寝返った出雲の降将等を引きつれ、出雲に侵入して富田城へ肉薄した。しかし義隆の富田城攻撃はあまりにも短兵急であり、食糧その他の補給も円滑ではなく、その上部将の統制を欠いたので、三沢・三刀屋・本城・吉川・山内等大内に降参していた部将等は再び尼子に寝返り、大内軍は遂に完敗し、天文十二年

（一五四三）五月七日、義隆は京羅木の本陣を撤し揖屋に退いたが、義隆の養嗣子晴持は、船奉行冷泉隆豊の小舟に乗って本船へ移ろうとした時、水に溺れて死んだ。時に晴持二十歳であった。

その後晴久は退勢《たいせい》を一気に挽回しようと、頻りに失地の回復をはかった。出雲国内では三沢・三刀屋・赤穴等有力国人の懐柔《かいじゅう》につとめ、本領を安堵させると共に優遇に努めた。石見方面では天文十二年（一五四三）七月、久利《くり》淡路守のいた久利城を攻め、更に進んで大森銀山も取り返して富田に帰った。石見には益田・吉見・福屋・佐波《さわ》等有力国人が多くいたが、それ等のほかは大抵尼子になびいて来た。年あけて天文十三年（一五四四）二月、晴久は因幡経略をめざして東征の途につき、伯耆の八橋《やばせ》城（山名氏の一族行松正盛の城）を攻め、因幡に進んでは気高郡鹿野城（山名氏）を陥れ、鳥取城下に火を放ち、八頭郡私部《きさいち》に肉薄しようとしたが、母が病気との注進を受けたので富田へ帰った。備後方面では深安郡神辺《かんなべ》城主山名理興《みちおき》と提携が出来たので、三次《みよし》の比叡尾《ひえび》城主三吉広隆攻略のため府野に着陣、毛利軍と戦ってこれを破った。毛利方ではこれを「府野くづれ」と言っている。そのほか備後から美作《みまさか》へも進出、浦上宗景と戦って戦果をあげ、更に因幡へ向って進軍しようとしたが、真木弾正忠時《ただとき》の諫めをいれて、出雲に帰陣した。この時尼子国久等が美作あたりまで軍をすすめた事は事実で、晴久は一時備後・安芸の辺まで勢力の拡大をはかったが、天文十八年（一五四九）頃になると、元就の勢力が次第に浸透して神辺城は落城し、尼子の備後経略の一大拠点が失なわれていった。

この頃、大内氏の方では重臣陶隆房が実権を握り、遂に主家大内義隆に対して叛乱を起こし、天文二十年（一五五一）九月一日、長門深川《ふかわ》大寧寺に於て大内義隆を自殺させると、大内氏の実権をその手中に収めるに至った。かくして九百四十年も続いた大大名大内氏は戦国の舞台から永久にその姿を消していった。下剋上は戦国時代の社会相であったが、陶隆房の如きは最も顕著なその一例である。

大内義隆の死によって、山陰の尼子晴久は一躍中国の重鎮としてクローズアップされるに至った。天文二十一年（一五五二）四月二日、時の将軍足利義輝は尼子晴久に出雲・隠岐のほかに新しく因幡・伯耆・美作・備前・備中・備後を合せ八カ国の守護に任命した。しかしこれを快く思わなかったのは、恐らく毛利元就で、その時すでに尼子打倒の遠謀は元就の胸中深く渦巻いていたに違いない。この謀略が結局天文二十三年（一五五四）十一月一日の新宮党族滅事件に発展していくのである。

新宮党の変は結局尼子勢力を弱めんとする毛利元就の巧妙な謀略の罠《わな》であったが、一面うまうまとこの罠にかかった晴久はすでに下剋上という当時の世相に呪《じゅ》縛《ばく》されていたのである。しかし尼子の麾下にこれを諫める達見の士のなかった事、並びに新宮党自身の自信過剰による行動も反省されるべきである。どちらにしても新宮党の族滅によって尼子の戦力は大半失なわれたと言っても過言ではなかった。

元就は弘治元年（一五五五）十月一日、厳島の一戦で陶晴賢（隆房の後の名）を滅すと、直ちに防長に進出、弘治三年（一五五七）長府の勝山城を陥れて大内義長（大友宗麟の弟で天文二十一年〈一五五二〉陶隆房が大内義隆の後継者としていた）を自害させ、防長二州をその手中に収めると、いよいよ尼子氏打倒の軍を石見に進めた。尼子氏にとって危急存亡の秋、永禄三年（一五六〇）十二月二十四日、晴久は四十七歳で急死した。（雲陽軍実記によると晴久の死んだのは永禄五年（一五六二）十二月二十四日となっている）この朝、晴久は手水を使わんと縁先まで出た時、突然気分が悪くなりどうと後に倒れたが、これがこの世の最後であった。今日的に考えれば心不全等の発作であったろうと思われるが、元就が鰐淵寺住職栄芸に修法《ずほう》を命じた結果だと雲陽軍実記に誌してある。晴久の急死は当時の尼子にとって実に重大変事であった。よって菩提寺等を建てる余裕もなく、月山の東南山麓に猫《びょう》額《がく》大の地を選んで密葬した。境内には椎の大樹と老松が茂っていたが、老松は先年松喰虫のために枯死した。法号は月光院殿愚溪宗見大居士、一本には天威心省居士ともある。

晴久は吉田征伐に敗れ、また新宮党を族滅させた二点に於て著しくイメージ・ダウンの印象を受けるが、一般に考えられる程の愚将ではなかったと思われる。しかし謀略と経験の上から見れば、晴久は到底元就の敵ではなく、尼子の衰運を遂に挽回することは出来なかったのは、尼子にとって不運だったと言わざるを得ない。

## 尼子義久【あまご-よしひさ】

**天文九年（一五四〇）―慶長十五年（一六一〇）**

尼子義久は晴久の嫡男で幼名は三郎四郎と言った。天文九年（一五四〇）に生まれたが月日は不明である。永禄三年（一五六〇）十二月二十四日、父晴久急死の後尼子氏のあとを継いで富田城主となった。

永禄五年（一五六二）毛利元就が出雲に進入すると富田城は籠城態勢にはいったが、当時義久はまだ二十二歳の弱冠で、この難局に対処する力に乏しかった。永禄八年（一五六五）から九年の初頭にかけて、尼子の有力な家臣牛尾豊前守・亀井秀綱・河本隆任・佐世清宗・湯惟宗・牛尾遠江守幸清・その子太郎左衛門久清等は続々元就の本拠洗合《あらわい》に投降したばかりでなく、城に残っていた津森入道・宇山飛騨守久信（一本久兼）等は讒言によって或は切腹し或は殺される等、落城の悲運はすでに時間の問題となって来た。

富田城落城の経緯については諸説がある。尼子由緒記という書物によると、国久の三男に数久という人があったと誌されている。少年の頃仏門にはいり、比叡山或は高野山に於て仏道を修業した後、加賀の天徳院・津和野の永明寺《ようめいじ》を経て奈古の光応寺（後の大覚寺）に転住していた。なかなかの名僧で勅許によって正光円輝大禅師の号さえ賜った。永禄九年（一五六六）尼子・毛利和睦の斡旋をしたのは聖護院道増であったが、時の将軍義輝（義晴の長子）は尼子の縁故につながるこの正光円輝大禅師を介して、側面から和議を乞わしめたので、義久も遂に降るに至ったと言うのである。

陰徳太平記の記述を要約すると、元就は永禄九年（一五六六）五月の末頃から病気のため、殊のほか衰弱したので、吉川・小早川の両将は父の健在の内富田城の始末をつけようと、兄弟揃って和睦を元就にすすめ（元就は従来和睦を拒否して来た）、米原綱寛を使者として城中に送り、立原久綱を通じて義久にこの事を申し伝えると、義久は家来たちの意見を聞き入れた上、和睦に応じたとなっている。雲陽軍実記では米原平内の申し入れに対し、義久は群臣と相談した上、更にその頃尼子の賓客となっていた赤穴の旧臣吾郷伊賀守勝久の意見を聞くと、勝久は「今の段階ではこの上の抗戦は無理です。何処か国中で一城を替地に受けられ、そこへ入部が決定してから降参されるがよいでしょう。」と言ったので、義久もその説を入れ、立原源太兵衛久綱を使者として米原平内綱寛に申し入れ、綱寛の斡旋で立原が直接吉川・小早川の両将に申し出ると、

「富田を退出されるなら、石見銀山に五千貫の地を添えてまいらせましょう。」

と約束した。義久もこれを受け入れ、城を明け渡すこととしたので、福原貞俊・口羽通良は二千騎をひきつれて入城したとある。

落城後、義久三兄弟は杵築《きずき》に送られ訣別の宴を開いた。ここまで従って来た者は山中幸盛・立原久綱・三刀屋藏人等六十九名であった。十二月九日杵築を出発、簸川の田儀に下り、十日大田の川合、十一日邑智の川本、十二日出羽《いづは》、十三日安芸高田郡横田、十四日吉田から四キロの地点にある長田の円明寺にはいった。その監護については、元春からは内藤少輔九郎元泰がつけられ、元就・輝元からは桂少輔五郎広繁、隆景からは宗匠右衛門尉を遣わされ厚く三兄弟を遇するように命ぜられた。

三兄弟に対しては大西十兵衛・多賀勘兵衛・津森四郎次郎が家老としてつけられ、更に義久には宇山右京介・立原備前守・本田豊前守・本田与次郎・大西新四郎・馬木彦右衛門・力石兵庫介・福頼四郎右衛門・本田太郎左衛門・真野甚四郎・高尾宗五郎・大塚勝五郎・正覚寺等の附添いが許され、九郎倫久《ともひさ》には、長谷

川小次郎・山崎宗右衛門・松井勘左衛門等が加えられ、その上陪臣も加わったので総勢二十九名を算するに至った。

義久の御台所《みだいどころ》は江州京極修理大夫の子息で五郎という人の姫であったが、義久に同行が許されず、阿佐の観音寺で黒髪を落し、名を宗玉禅尼と改めて義久の現世菩提を弔うこととなった。現在渡橋（出雲市）の観音寺には義久夫人の墓が残っている。

義久等三兄弟は安芸長田（安芸高田市向原町）の円明寺に幽閉されたが、天正十六年（一五八八）義久は尼子重代の家宝荒身国行（頼国行）の銘刀を輝元に献上した。翌天正十七年（一五八九）銘刀献上の功によったものか、幽閉を解かれ、志路の根の谷（広島市安佐北区白木町）に館を設け、五百七十石を給せられた。その時に富田開城後すでに二十三年を経過していた。その後七年、慶長元年（一五九六）になると、義久は長門に移され、阿武郡奈古（山口県阿武郡阿武町）に於て千二百九十二石を給せられたが、病弱を理由とし、長門国阿武郡嘉年《かね》村（山口市）五穀禅寺に入り、名を友林と号して仏門に入った。（これは当時光応寺＝後大覚寺にいた叔父正光円輝大禅師の教化によったものであろう。）後同郡奈古郷上浴に移り、平穏な日々を送ったが、慶長十五年（一六一〇）八月二十八日この地で死んだ。七十歳であった。嗣子がなかったので、弟倫久の子九一郎を養子として久佐元知《もとかず》となのらせた。法号は大覚寺殿大円心覚大居士といい、奈古大覚寺の開基として墓は同寺の寺前にある。大覚寺はもと光応寺といったが、光応寺第二世正光円輝大禅師が義久に大覚寺殿の法号を贈り、義久を開基として寺名もその時大覚寺と改称したのである。

## 尼子誠久【あまご-さねひさ】

生年不詳—天文二十三年（一五五四）

尼子誠久は新宮党の主将尼子国久の二男である。長男豊久は天文九年晴久が吉田に毛利元就討伐に出かけた時、その虚に乗じて伯耆の武田山城守が擾乱《じょうらん》を起こしたので、父国久に従って鎮圧に出かけ、橋津川で戦死した。よって誠久は父国久と共に、新宮党を統率していくこととなったのである。誠久の幼名は孫四郎、式部大輔《たいふ》と言い、母は多胡忠重（入道悉休）の女、妻は多賀美作守隆長の女である。父国久と共に新宮党を率い、戦功も多かったが、性来豪邁《ごうまい》不遜で、傍若無人の振舞も多かった。

その頃晴久の右筆《ゆうひつ》に末次讃岐守といって鼻の高い武士がいた。或日末次が富田城へ出仕して広縁に畏《かしこ》まっていると、登城して来た式部大輔はこれを見て、

「高くなければならない武名は一向《いっこう》に高くなく、役に立たない鼻の高さだ。」

と言うなり、大きな指を差し出し、むずとばかりにその鼻を撮《つま》みあげた。何しろ大力無雙の誠久にあっと言う間にしてやられたので、末次の鼻はくじけ、鼻血を流して気絶してしまった。腫《は》れあがった鼻は容易に治らず、一カ月あまりも難儀したというから実に常識を超えた乱暴というほかはない。

中井平三兵衛は中井駿河守久包《ひさかね》の子で尼子家老衆の一人である。美髯《びぜん》の持主であった。誠久はそれが癪《しゃく》に障っていたのである。或日誠久は中井をそばへ呼びつけると、いきなりその髯《ひげ》をにぎり、

「何という無様《ぶざま》な髯の立ち様だ」

と力任《ま》かせに畳の上にねじ伏せた。中井も歴戦の勇士である。これに抵抗しようとしたが、何しろ突然のことではあり、誠久の大力と早業にはかなわなかった。

翌日晴久公の面前に出仕した中井は、右頰だけを残して左頰の髯はきれいに剃《そ》っていた。これを見た晴久は、

「その髯の剃りようは何事である。われを侮辱しているのか。」

と大へん怒った。その時中井は

「実は昨日式部大輔様から見苦しい髯の立ち様だと散々お叱りを受けました。いっそ剃り落してしまおうとも思いましたが、私のひげはわが君にも御存じのひげでありますので一存にもなり兼ね、一方だけは残しておきましたが、一方だけは式部大輔様のお差図通り剃り落しました。」

と言った。これを聞いた晴久は、暫く眼をつぶって考えていたが、如何にも苦々しげに、

「仔細はわかった。右の頬も剃り落してしまえ。」

と言った。誠久の横暴はそれだけではなく、新宮党に対して反感を抱く尼子武士は少なくなかった。

その頃新宮党館前に大きな立札が立てられ、それには「館前目のとどく限り乗馬無用」と書かれていた。当時の新宮党館前は独松山を超えた東側にある吉田へ通う大通りだったので、人々の迷惑は大変なものであった。しかし新宮党の威勢を恐れ、誰一人として不平を言う者はなかった。

ところがここに熊谷新右衛門という硬骨漢があった。新宮党の横暴が片腹痛くてたまらない。或日熊谷は、牛の背に馬の鞍をおき、これ見よがしに館の前を通り過ぎようとした。これを見た誠久は、

「掟《おきて》を無視する不埒《ふらち》者、ひっ捕えて糾明せよ。」

と、烈しく命令した。ばらばらと走り寄った家来が、

「如何に熊谷殿、式部大輔様のお館前は、遠近に拘らず下馬することは誰一人として知らぬ者はない。それを承知の上で乗打ちされるとは不届至極、早々に下馬されよ。」

と詰めよった。熊谷は大口あけて、からから笑い、

「お館前の制札《せいさつ》は、雲伯かけて知らぬ者はいない。だからこそ馬には乗らず、牛に乗っているのだ。」

と言葉あららかに言い放ち、小縄で巻きつけた三尺八寸の太刀の柄を確《しっ》かとにぎり、大の眼をかって見開いて、寄らば一討ちという勢を示した。これには流石の新宮党もひきさがらざるを得なかった。

新宮党の事変の起こったのは天文二十三年（一五五四）十一月の一日である。この日は城中に於て予算会議が行なわれることになっていたので、父の紀伊守国久は馬に乗り若党三十人あまりを伴につれ一足先きに館を出発した。続いて館を出た式部大輔誠久は馬上豊かに富田の町を通って行った。小柴垣に隠れて待っていた大西重兵衛は蹄の音が近づくと、突然現われて誠久の片股を馬の太腹諸共に斬りつけた。流石に豪気な誠久も、不意をつかれて落馬すると、立原備前守（源太兵衛久綱の兄幸隆）が躍りかかって、とって押さえ

る、大西も同じく乗りかかって首を掻き落そうとする。これにも屈せず誠久は、

「いでや冥途の道づれ。」

と二人を両脇に抱え込みながら死んでいった。

この様子を見ていた誠久の家来は急ぎ引き返し、この由を敬久《たかひさ》に告げたので、急ぎ新宮に引き返し、二百人あまりが一丸となって寄せ来る敵を引き受け奮戦したが、多勢に無勢、今は最期と乳人の矢野五郎右衛門に首を落させた。この時誠久には子息が三人あった。長男善四郎常久は十四歳、二男神四郎吉久は十二歳、三男は助四郎で漸《ようや》く二歳になったばかりであった。善四郎・神四郎の兄弟は少年ながら立派な切腹をしたので、池田藤三郎という若党が二人の首を打ち落し返す刀で自分も腹十文字に掻き切って相果てた。（陰徳太平記）

三男の助四郎は乳母の夫大根島の領主、小川左衛門尉重遠が吉田の永源寺に落ちのびさせ（永源寺の住職は重遠の弟であった）たが、晴久の探索が厳しかったので、伯耆の末石から備後の徳分寺に逃げてそこで成長した。永禄九年（一五六六）月山が落城すると、京都へ出て小僧となり、永禄十二年（一五六九）山中幸盛や立原久綱にもり立てられ尼子助四郎勝久となのり、再び出雲へ攻め入るのである。

## 尼子倫久【あまご・ともひさ】

天文十五年（一五四六）—元和九年（一六二三）

尼子倫久は晴久の二男で義久の弟である。九郎兵衛尉と言い、法名は瑞閑といった。妻は山内元通の女で、二男一女があった。長男は九一郎元知《もとかず》、二男は善兵衛宗久、一女は宍道就兼《なりかね》の室となった、出生年月は明瞭ではない。

永禄九年（一五六六）富田開城後、義久三兄弟は安芸へ連行されたが、その時大西十兵衛、多賀勘兵衛以下二十九名だけが附添となることを許された。安芸に連行されてからは終始兄義久並びに弟秀久と共に同じ

処遇を受けていた。即ち長田円明寺に幽閉されること十二年、天正六年（一五七八）上月城が落城し、尼子再興の危懼《きぐ》が全くなくなると、天正十七年（一五八九）志路《しじ》の根の谷（広島市安佐北区白木町）に居館を与えられ、毛利の客分として優遇された。その後慶長元年（一五九六）義久等は長門に移り、阿武郡奈古に於て千二百九十二石を給せられたが、義久は病弱を理由として仏門に入り、奈古郷上浴に住んでいた。（毛利氏は慶長五年（一六〇〇）関ヶ原の役後防長二州を与えられ、家臣団もその俸禄を削減されるのを止むなきに至ったが、尼子三兄弟に対する処遇は変えることはなかった。）

慶長十四年（一六〇九）十二月二日、弟秀久が兄義久よりも先に死んだので、逆縁として墓は自然石で造り、その向きも逆死向きにして大覚寺（その時はまだ光応寺となのっていた。）に葬った。秀久の法号は喬山乗心居士という。ところがその翌年即ち慶長十五年（一六一〇）八月二十八日義久も七十一歳で死んだので、光応寺の正光円輝大禅師（経久の子で晴久の叔父）は先年死んだ秀久の墓地に義久を葬り（宝篋《ほうきょう》印塔の墓石）、大覚寺殿と追号し、光応寺を大覚寺と改称して義久を大覚寺の開基とした。

かくして尼子氏は九郎倫久《ともひさ》だけが残ることとなったが、義久・秀久ともに子がなかったので、倫久は義久の養子となり尼子家を継ぐこととなったのである。しかるに倫久の長男九一郎元知（妻は井原伯耆守の女）にも子がなかったので、宍道就兼に縁づいていた妹の子、宍道孫三郎就易《なりかね》を養子とした。これが久佐孫三郎で、後尼子の旧姓佐々木にかえり、佐々木孫三郎となのった。世に佐々木文書と言われているのはこの佐々木孫三郎家に残された文書をいうのである。

慶長元年（一五九六）毛利の一門福原元光が石見銀山の代官職として石見に赴任して来た時、九一郎元知もこれに従って石見にはいり、石見銀山御番所の支配頭となった。この番所は石見の久佐（浜田市金城町）にあったので、村人は「久佐の将監様」と呼んでいた。元知自身も久佐将監となのるようになった。関ヶ原の役後、毛利が防長二州に削封されると、石見銀山も徳川の所管となったので、銀山の代官職福原元光も解職されて長門へ帰ることとなった。その時元知も一緒に長門へ帰って行ったのである。

倫久の二男善兵衛宗久もやはり佐々木をなのり、慶長四年（一五九九）兄元知の下僚として久佐の番所に出仕し、石見国禁裏御料所役を勤めていた。関ヶ原の役後、兄元知（久佐将監）は長門へ帰って行ったが、宗久は来原《くるばら》（浜田市金城町上来原）の里正田中対馬の女を妻としていたので、対馬は宗久に対し「是非石見」にとどまるよう懇請した。よって宗久はそのまま石見にとどまり宗久―倫嗣―倫通―通久と続き、通久は津和野藩の庄屋役を勤めたが、通久からは佐々木の姓を佐々田と改めた。これは遠祖宗久が佐々木を姓とし、その妻が田中家から嫁いでいたので両方の姓を組み合せ佐々田としたのである。

倫久の墓地については長門市渋木町に倫久墓というものがあるが、これは後年周布《すふ》氏が旧主尼子の冥福を祈って建立したもので、当時からの墓ではない。浜田市金城町上来原保寧寺の過去帳には、瑞閑信士尼子九郎兵衛倫久元和九年三月四日没と誌されてあり、法名は桃源院石雲瑞閑大居士となっている。

島根百傑の一人佐々田懋《すすむ》は倫久の後裔である。明治七年（一八七四）浜田県会議員に官選、年二十四歳で島根県会の初代議長となり、明治二十三年（一八九〇）帝国議会の開設に伴い一位をもって衆議院議員に当選、爾後三回連続して当選、明治四十四年（一九一一）には貴族院の多額納税議員に当選、大正七年（一九一八）任期満了までつとめ、遠祖の栄誉を輝やかした石見の人材であった。

## 尼子勝久【あまご-かつひさ】

天文二十二年（一五五三）―天正六年（一五七八）

尼子勝久は新宮党尼子誠久《さねひさ》の末子で、天文二十二年（一五五三）新宮館《やかた》で生まれた。生まれた月日並びに生母については明らかではない。二歳の時即ち天文二十三年（一五五四）十一月一日新宮党事変が起こり、祖父国久・父誠久・叔父敬久《たかひさ》並びに兄神四郎吉久・善四郎季久等は或は討たれ或は切腹して相果てたが、二歳になったばかりの勝久は乳母の夫小川重遠（大根島の領主）の援助によって首尾よく新宮館を脱出し、独松山を越え吉田（安来市）の永源寺にかくまわれた。永源寺住職は重遠の弟だったからである。（小川確郎氏家文書）しかるに晴久の詮索《せんさく》は意外に厳しく、此処でも安心出来なかったので、伯耆末石から船に乗って備後の徳分寺（一本徳恩寺）（庄原市東条町）に逃げ、そこで成長した。永禄九年（一五六六）尼子氏が滅亡すると、中国一円は毛利氏の支配下に入ったので、或は毛利氏に摘発《てきはつ》される恐れあるのを思い、密かに京都に逃れ東福寺に入って僧となっていた。尼子滅亡後諸国を流浪していた山中鹿介幸盛・立原源太兵衛久綱・吉田八郎右衛門義金・眞木宗右衛門高純《たかずみ》等は、松永弾正に身を寄せていた横道兵庫介やその弟権允《ごんのじょう》等を呼びよせ、東福寺の僧になっていた誠久の末子助四郎（孫四郎ともあり）を還俗させ、尼子助四郎勝久となのらせ復興軍総帥に推戴した。これより尼子勝久の十年に亘る奮闘が展開されるのである。

永禄十二年（一五六九）五月、京都より隠岐に渡った尼子勝久は、隠岐為清の応援を得、六月二十三日隠岐より島根郡千酌（松江市）に上陸、忠山《ちゅうやま》に旗をあげ、七月初旬富田月山城に攻めこんだが、毛利の将天野隆重の死守している富田城は抜くことが出来なかった。明くれば元亀元年（一五七〇）毛利元就は富田城を救援しようと嫡孫輝元を大将に、吉川元春・小早川隆景の両川を副将として吉田を出発、赤穴・由来《ゆき》（頓原）・多久和・三沢を経由、二月十二日比田諏訪山に集結した。一方尼子軍は大将勝久は荒隈《あらわい》（洗合）に待機したが、山中幸盛以下七千は布部山に進出、ここで尼子・毛利の運命を決する邀撃《ようげき》戦が展開された。午前中は尼子軍の圧倒的勝利に見えたが、元春の別動隊が迂回して尼子軍の本陣地を後方から挟撃したため、午後になって形勢が逆転し、横道兵庫介・眞木與市・隠岐清実・目黒左近等が多く戦死した。その後形勢は日と共に尼子軍に不利となり、元亀二年（一五七一）八月二十五日、勝久はその本拠としての新山城（松江市法吉町）を去り、島根郡森山村簾岳《すだれだけ》（中の海沿岸）に拠《よ》ったが、毛利軍の追撃厳しく、海上から加賀の桂《かつら》島へ逃げて行った。此処でもまた児玉党の戦艦に追跡され、一旦隠岐へ渡ったが後再び京都へのぼって行った。出雲に進入してから二年二カ月、かくして出雲戦線は尼子軍の完敗に終った。

　天正二年（一五七四）尼子勝久は、山中・立原以下尼子の軍勢をひきつれ、京都から因幡に攻め入り、十日余りのうちに十三城を奪い旭日昇天の勢を示したが、天正三年（一五七五）吉川元春・小早川隆景が鳥取に着陣すると、因幡の守護山名豊国はたちまち毛利方に寝返り、同年九月私部《きさいち》城は元春に攻められて落城した。この時、尼子宗徒の臣森脇市正久仍《ひさのり》・横道権介高光・横道允高宗・牛尾大炊助《おおいのすけ》等多数は毛利に降参し、勝久の拠っていた若桜《わかさ》鬼ヶ城も危くなってきたので、勝久は幸盛等と共に但馬に逃げて行った。かくして因幡戦線も完全に尼子方の失敗に帰した。天正二年（一五七四）一月勝久が因州へ進入してから一年九カ月であった。かようにして山陰の戦況は一度ならず二度までも失敗に終ったので、今後は山陽方面から攻め入ろうと、その機会の熟するのを待っていた。

　天正五年（一五七七）九月、羽柴秀吉は織田信長より毛利征討の総大将に任ぜられ、姫路に派遣された。ここに尼子軍にとって機会は遂に到来したのである。勝久は山中幸盛等を従え中国征伐の先鋒となり、十二月三日上月《こうづき》城を攻めてこれを落した。城将赤松藏人政《くらんどまさ》範《のり》は二人の姫を殺し、自らも自刃して果てた。秀吉が姫路に引き返すと、今度は宇喜多直家の家臣眞壁《まかべ》彦九郎が代って城に立て籠ったが、これもまた勝久に一蹴され、彦九郎の弟が逆襲して来たのも討ちとってしまったが、惜しくも上月城は城中の兵糧が少なくなったので、やむを得ず勝久は城を出て攝津へ引き上げて行った。すると宇喜多直家は直ちに上月十郎景貞に命じて上月城に入城させたのである。秀吉は再び姫路を出発、佐用郡に入って上月城を攻撃し、これを奪回して、今度は上月十郎以下を皆殺しにし、勝久主従に城を守備させておいて、自分は姫路に凱旋した。事の重大を考えた毛利軍は、吉川元春・小早川隆景の総力をあげて天正六年（一五七八）四月十八日上月城を包囲した。この日から勝久は上月城籠城の態勢に入ったのである。急を聞いた秀吉は五月四日、これを救おうと上月城の向かいにある高倉山に陣したが、毛利軍の包囲が意外に厳重だったので、迂闊に手出しも出来ず、六月十六日秀吉は単身上洛して信長の指示を仰いだ。すると信長は「上月城は捨てて三木城（城将別所長治）攻撃に専念すべし」と命じたので、六月二十八日に至り秀吉は高倉山を撤退して書写山に引きあげることとなった。かくして尼子軍二千の立て籠る上月城は七十日の苦しい籠城の揚句、遂に孤城落日の運命に立ち至らざるを得なくなった。幸盛は元春へ使者を送り、

「勝久の命をお助け頂けば降参しましょう。」

と願い出たが、元春は勝久・氏久の助命はこれを許さなかった。

天正六年（一五七八）七月二日、神西三郎右衛門元通は城の尾崎に出て「あわれなりける人界を今こそ離れ果てにけり」と謡曲鐘馗の一節を謡い終ると、腹十文字にかき切って自害した。翌七月三日勝久は諸卒に最後の盃を賜わり、書院の真中に畳を重ねてすわり、

「宝剣手にあり、殺活時に臨む。これはこれ殺活自在の底、いかんがこれ勝久末期の一句、すべて来る画断千差の道、南北東西本郷に達す」

と言い終ると、腹十文字にかき切ったので、池田甚三郎久規《ひさのり》が介錯し、返す刀で自分も切腹した。勝久の兄氏久も十年間勝久と運命を共にして来たが、勝久の切腹を見届けるとこれまた後れじと自分も切腹、加藤彦四郎政貞が介錯すると直ちにこれも殉死してあとを追った。

城将が城兵の身代りとなって切腹した例は、天正九年（一五八一）十月二十三日、鳥取城に籠城していた吉川経家（三十五才）が城兵に替わって自殺し、また天正十年（一五八二）六月四日、清水宗治が高松城開城の時四十五才で切腹した事等、いずれも人口に膾炙《かいしゃ》している話であるが、勝久・氏久の切腹はこれ等の先鞭をつけた例として、戦国時代落城悲劇の一頁に誌さるべきものであった。

# 宇山飛騨守久信【うやま・ひだのかみ・ひさのぶ】

生年不詳—永禄九年(一五六六)

尼子分限帖によれば、御家老衆には宇山飛騨守(石見一国の城主十八万七千百石)・佐世伊豆守(備後之内十二万石)・牛尾遠江守(備前之内十万石)・中井駿河守(美作之内八万七千石)の四人があり、石高から見ても宇山飛騨守は四家老中の首位である。

永禄元年(一五五八)二月、吉川元春は元就の命を受け、将兵一千余をひきつれて家城新庄を出発して石見に入り、出羽《いずわ》に駐屯して元就の指揮する本軍の到着を待っていた。この時出羽二つ山の城主出羽元実や音《おと》明城《あけ》(那賀郡)主福屋隆兼は、早くも毛利に降参してしまったが、須佐高矢倉《たかやぐら》城主本城常光、温湯《ぬくゆ》城主小笠原長雄《ながかつ》はまだ尼子方に属していた。事重大と思って富田城へ援兵を頼んだので、城主晴久は牛尾幸清・宇山久信・湯惟宗等を出動させ、本城常光・小笠原長雄と合流して戦陣を張った。毛利軍も備後神辺《かんなべ》城から駆けつけた杉原盛重を始め、元就の麾下熊谷信直・天野隆重等が一団となって対抗、激戦の結果尼子軍は遂に敗れ、一旦大田(大田市)に退却するとそこで兵を纏めて出雲に帰り、本城・小笠原もそれぞれ家城へ帰ってしまった。この戦こそ実に永禄九年(一五六六)十一月の富田落城に及ぶ長期戦の緒戦ともいうべきものであった。しかし石見はこの一戦によって大勢が決定されたのではなく、その後両軍はお互いに勝敗を繰り返しながら死闘を続けていったが、尼子軍の敗退によって毛利軍が石見に橋頭堡を築き得たことは事実である。この重大な戦に尼子の宿将宇山飛騨守久信も尼子軍の主力として従軍していたのである。

永禄六年(一五六三)八月、尼子氏の重要基地白鹿城(現在の松江市法吉)を元就が攻撃して来た時、義久はこれが救援として弟倫久を大将に宇山久信・亀井秀綱・佐世清宗・牛尾幸清等、ほとんど富田城の全勢力をあげ、九月二十三日富田城出発、白鹿表に殺到させた。しかしこの重大な戦も、元就の巧みな作戦によって大敗、僅かに山中鹿介等の殿戦の奮闘によって、大将倫久は命からがら富田城へ敗走した。当初義久が作戦会議を開いた時、自信過剰の老臣達と、新進気鋭の近習武士たちとの間に意見が合わず、結局老臣達の采配が敗戦を招いたのだと陰徳太平記には記している。この老臣の中に宇山久信もいた訳だが、傾く退勢は如何ともする術なく、重なる敗軍によって尼子は滅亡へと連動して行くのである。

　富田城は永禄八年（一五六五）四月十七日、富田城三面攻撃以来、毛利軍によって厳重に包囲され、城内・城外の連絡は完全に遮断されるに至った。かくして元就は要所々々に関門を設け、投降或は脱走せんとする者は容赦なく拉致《らっち》して処罰した。これは城内の糧食を共食させることによって、落城を早めさせようとの作戦であった。この時宇山飛騨守は深くこれを憂え、自分の私財を投じて糧食を遠く丹波・但馬・若狭方面に求め、これを安来の浦に輸送させ、間道を通って富田城内に入れ、僅かに将兵の飢餓を救っていた。これを探知した元就は中海の入口にある森山に長屋小次郎を配置させて食糧の輸送を遮断させたので、富田城将兵の飢えはその極に達するに至った。この状態を見届けた元就は、「頃はよし」と関所の高札を悉く取り除《の》け、むしろ籠城兵の投降を優遇する高札に改めさせた。

　これを知った城内の宿将たちは、笊《ざる》の目から漏れる小魚のように洗合に投降していった。即ち牛尾豊前守を手始めに（別項参照）、亀井秀綱・河本隆任《たかとう》・佐世清宗・湯惟宗がこれに続き、十一月になると牛尾幸清・嫡子久清も下降したと陰徳太平記には述べている。これでは尼子累代の宿将達はほとんど主家を見限ったと同じで、最後まで止まったものは中井駿河守久包と宇山飛騨守久信位のものであった。この時宇山久信は若干の米銭を持っていたので、落ちて行く者に与え、なるべく城内の兵力が減らないように心掛けていた。しかるにこの様な忠臣も義久の誤解を受けて自滅せざるを得ない状態に落ちこんで行ったのである。

　その頃城内に大塚与三右衛門という嬖臣《へいしん》（義久気に入りの家来）がいた。何とかして久信の貯えている米銭を奪い取ろうと、或日義久の面前に来て

「宇山が米銭を貯えているのは、城中の兵員を減らさ

ない爲の配慮ではなく、元就と内通し自然の時に裏切ろうとする陰謀である。」と見えすいた嘘で讒言した。すでに風声鶴唳《かくれい》にも驚いていた若き城主義久が、判断を誤ったのも無理からぬことであった。尼子累代の宿将たちはすでに袂を連ねて毛利に降参しているのである。義久は大西《だいさい》重兵衛高由・本田《もとだ》豊前守家吉に命じ密かに宇山を討ちとる準備を進めさせた。

永禄九年（一五六六）一月一日の早旦、宇山久信は嫡子弥四郎を伴い、殿中広間に参入して親しく義久に謁し、新春の賀辞を述べた。この時、突然大力の屋葺《やぶき》右衛門尉が現われると、背後から久信を抱きすくめ、立原備前守幸隆（源太兵衛久綱の兄）が正面から一刀のもとに久信を斬り倒した。久信の長男弥四郎は短刀を抜いて屋葺に斬りつけたが、大西重兵衛と本田豊前守両人によって討ち果たされた。この異変を知った久信恩顧の侍数十人は久信の妻子を保護しながら城外に脱出して毛利に降服した。この事件のあと牛尾大炊助・宇山善四郎等も相前後して降参した。（陰徳太平記）

雲陽軍実記の記述によると久信は殿中で殺されたのではなく、大西重兵衛・本田豊前守両人が久信召捕りのため宇山屋形に押し寄せて来た時、身の潔白を示すため、長男弥四郎共々生害したが、二男はまだ幼少だったので宇山の血族を保たせるため家臣眞野兵衛が前夜のうちに屋敷を抜け出し、正月三日米原綱寛を介して毛利に降参した。なお虚言のばれた大塚与三右衛門は、大西重兵衛と本田豊前守両人によって討ち取られたという風に述べられている。目出度かるべき元日早々、血で血を洗う争乱を起こした尼子氏は、その年の十一月滅亡という運命に辿り着くのである。なお毛利に降った武将（岩国徴古館文書）には次の如く誌されてある。

宇山飛騨守久兼（一本久信）永禄九年正月九日富田城にて父子とも自害

弥四郎兼貞　父と同時に自害

大藏丞久信　初善五郎毛利に奉仕

但馬守隆兼　初次郎左衛門　以下略

義久がただ大塚与三右衛門の讒言だけを信じ、尼子最大の重臣を滅亡させた事は、如何にも軽挙妄動であるが、当時の富田城内の状勢は混沌としており、一説には宇山飛騨守の毛利への内応は事実であったとする説もある位で、追い詰められた飛騨守は自決によってその面目を保ったのだという見方も生じて来るのである。

## 亀井能登守秀綱【かめい-のとのかみ-ひでつな】

生年不詳―永禄九年（一五六六）？

亀井氏の祖は紀州の古族穂積氏・鈴木氏であると言われている。鎌倉時代義経の家臣に亀井六郎重清（鈴木三郎重家の弟で、文治五年（一一八九）四月二十八日衣川にて戦死。一説には義経に随行蝦夷に逃げたともある）という人物のいた事はよく知られている。その亀井氏が尼子氏と姻戚関係を生じ、尼子の一門と認められるに至った経緯については、明確な資料に乏しいが、何れかの時点に於て近江源氏（佐々木・京極・尼子）と関係が生じたものと思われる。それは尼子分限帖の御一門衆に、尼子下野守（播磨之内十万石）宍戸大炊頭（宍道か、隠岐之内七万石）京極相模守（備前之内五万石）亀井淡路守（同三万八千石）朽木河内守（同三万二千石）とあって、尼子の一門に加った事は明瞭であるからである。少なくとも文明十八年（一四八六）尼子経久蹶起後は、尼子御一門衆の一人として相当重要な位置にあった事は疑われない。

尼子時代になってから登場する亀井氏には、永綱、安綱（武蔵守）、秀綱（能登守）、利綱（新次郎）等がある。秀綱と利綱が兄弟であった事ははっきりしているが、安綱が秀綱の父であったか、また永綱が安綱の父であったかについては、これを明瞭にする資料に乏しく、また亀井淡路守が右三者のうち、いずれに該当するのか、またそれ以外の人物であるかも明瞭ではない。

天文九年（一五四〇）竹生島奉加帳に亀井太郎左衛

門とあるのは、能登守秀綱であったに違いない。何故ならば、天文三年（一五三四）興久叛乱事件に関与した興久の家来、亀井新次郎利綱の兄は亀井秀綱であったからである。またそれより先、大永三年（一五二三）毛利元就家督相続の時、元就排斥の謀議に関係のあったのも亀井秀綱で、尼子時代活躍の亀井氏はほとんど亀井秀綱であった。この頃の亀井秀綱の権力は尼子家臣団中最高のもので、尼子の運命を左右する諸事件の中には必らず亀井秀綱の名が出て来るのである。

第一は興久叛乱事件の時である。当初興久は経久の三男として、それ相応の権威を保つべく原手郡の所領を、尼子家臣団中最高の実力者と見なされていた秀綱を介し、父経久に申し出させた。興久の心中を想像すれば、秀綱程の者の進言ならば容易に経久の諒解が得られるものと考えていたものであろう。それがにべもなく経久から断わられた。そこに興久の怒りが爆発し、「父はわが子よりも秀綱を重んじている」と思ったし、また秀綱の讒言だとも考えた。結局尼子一門衆の中に於ける秀綱と興久との権力争いであった。あの際、秀綱の進言が円滑に運んでおれば、尼子一門の内輪喧嘩は未発に終ったのかも知れない。この興久の叛乱は、尼子滅亡の遠因の一つにさえ考えられているのである。

第二は元就相続問題に対処する秀綱の政治的失策である。永正十三年（一五一三）元就の兄興元が二十四歳で死に、大永三年（一五二三）興元の遺児幸松丸も夭死して、毛利宗家の相続問題が起こり、元就とその異母弟元綱が対立した時、亀井秀綱は元綱方に加担した。尼子の最高権威秀綱の意志は、結局尼子の総意と誤認され、元就は決然尼子と絶縁し、大内義隆の傘下《さんか》に隷属するに至った。後年これが尼子・毛利の戦争に拡大、尼子の滅亡に尾を引いて行くのである。当初秀綱は元就よりも元綱の方が組し易いと考えたものであろう。これは明らかに判断の誤りであり外交の失策であった。

第三には白鹿攻防戦の対応である。永禄六年（一五六三）白鹿城救援の作戦会議に於て、幸盛・久綱等少壮武士の提案を一蹴し、歴戦の功績に自信過剰であった秀綱等大身衆の作戦は、見事に元就によって裏をかかれて大敗し、わずかに幸盛等殿《しんがり》軍の奮闘によって、大将倫久以下富田に敗走する結果となった。この敗戦の責任は秀綱にあったと言っても過言ではない。

第四は陰徳太平記等に誌されている洗合への投降である。永禄八年元就の富田城三面攻撃以後、城内の兵糧が逼迫すると、元就は作戦を変え城兵の降参を優遇する布告を出した。その時に降参した大身衆には、亀井能登守秀綱を始め河本弥兵衛隆任《たかとう》・佐世伊豆守清宗・湯信濃守惟宗等の名が列記されている。他の国人衆はやむを得ないとしても、苟《いやしく》も御一門衆の筆頭に掲げられていた秀綱が早々に降参したとなると、最後まで城内に留《とど》まり、義久から疑をかけられ、身の潔白を証明するために潔《いさぎよ》く自刃した宇山飛騨守と比較し、あまりにも雲泥の差を感じさせる。よって考えられるのは、亀井秀綱は投降したのではなく、実は戦死したという事である。

伯耆誌によると、永禄九年（一五六六）三月二十日、尾高城主杉原播磨守盛重は策を用い、坂江（境）の高岡城主武良内匠頭を利を以って味方に引入れ、秀綱を網漁遊びに誘い、海に出たところを不意討ちにして、秀綱並びにその子清若丸を討ち取ったと誌してある。百戦の雄秀綱としては余りに儚《はかな》い幕切れであるが、現在でも境港市外江《とのえ》竹内町には亀井秀綱の霊を祭る亀井八幡があり、史実としても永禄八年より九年初頭にかけ、弓ヶ浜一帯は杉原盛重と兵糧争奪戦の戦場であったので、亀井秀綱討死の信憑性も浮かびあがって来るのである。秀綱討死説をもとに山中幸盛との関係を考えてみよう。

亀井秀綱とその一男清若丸が、永禄八年（一五六五）頃弓ヶ浜で討死したとすれば、名門亀井家はその時点で断絶しなければならない。幸い秀綱にはまだ二女が残ってた。永禄八年とすれば山中幸盛は二十一歳である。山中家には幸盛の兄甚太郎幸高があったから、幸盛が秀綱の長女と結婚し亀井鹿介となのったとしても不思議ではない。しかしその後幸高は山中家相続の意志を捨てたので、幸盛は後を継いで山中幸盛に復帰せざるを得なくなった。かくては亀井の名門は後が断絶する。因って幸盛は亀井の次女（幸盛の妻の妹）をわが養女とし、同じ近江源氏の系統である湯永綱の子湯新十郎茲矩にめあわせて、亀井の名籍を継がせ亀井新十郎茲規と呼ばせたのであろう。亀井秀綱は毛利に降参したのではなく、永禄八年頃弓ヶ浜で戦死したが、以上のような処置によって亀井の名籍は立派に後世に残ったと解釈する方がよく筋が通るのである。

## 佐世清宗【させ-きよむね】

生没年不詳

尼子分限帳によれば、佐世伊豆守清宗は御家老衆のうち宇山飛騨守につぎ二番目の重臣として、備後内に於て十二万石を領していた。その先祖は富田城の初代守護佐々木五郎義清から出ている。

即ち義清の二男は泰清、その二男晴清は隠岐氏、三男頼泰は塩冶氏、四男頼清は湯氏、頼清の三男清信が佐世に住し、その地名を姓として佐世氏をなのったのである。その八代孫が佐世清宗である。清宗は尼子・毛利合戦には度々参戦した。天文九年（一五四〇）九月尼子晴久が毛利元就を安芸郡山に攻めた時、永禄三年（一五六〇）七月尼子晴久が大森銀山山吹城を攻めた時、また永禄六年（一五六三）八月十三日、毛利元就が吉川元春・小早川隆景等と共に、尼子の拠点白鹿《しらが》城を総攻撃した時には、清宗は亀井秀綱・牛尾幸清等と共に義久の弟倫久を総大将に、先鋒として白鹿城の救援に赴いたが、元就の巧みな作戦によって敗れ総退

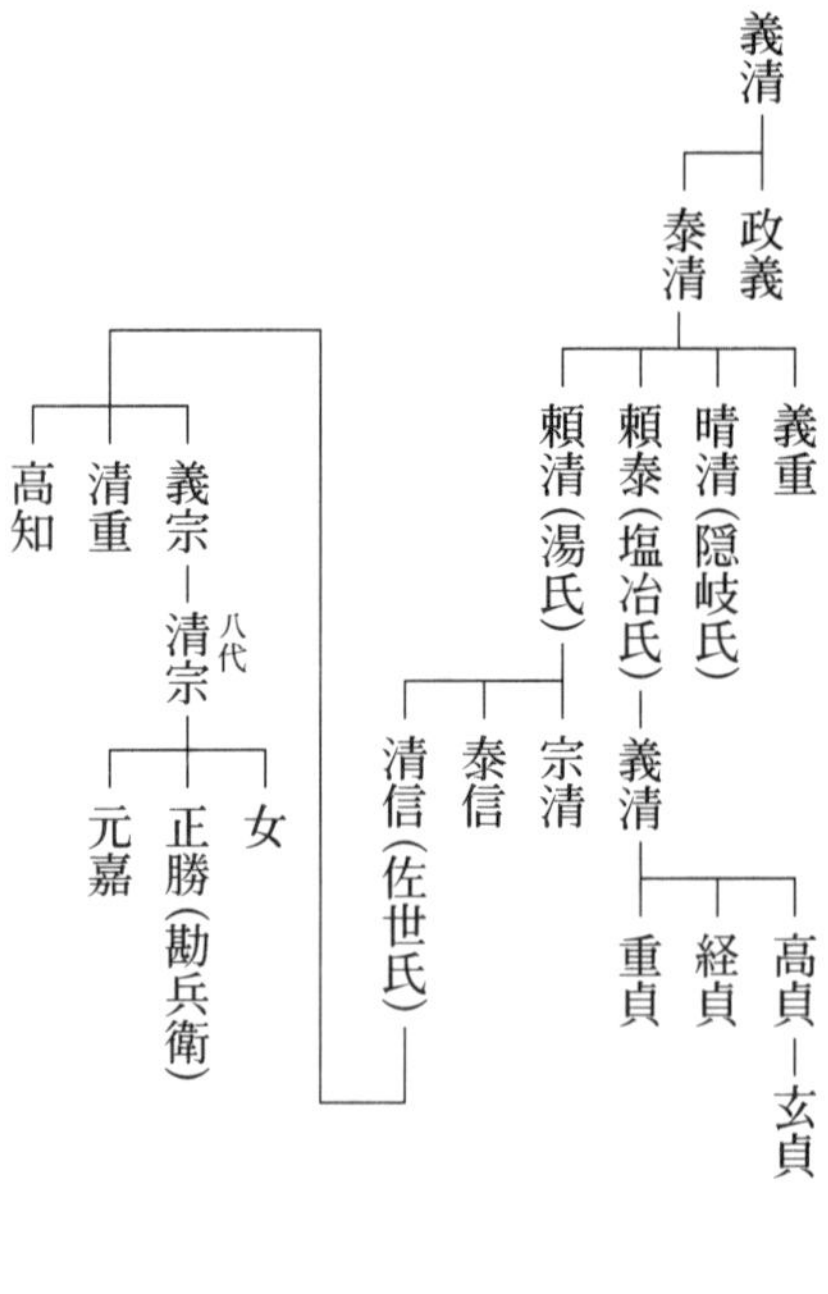

却することとなった。永禄八年（一五六五）四月十七日、元就が富田城三面攻撃をした時には、尼子倫久《ともひさ》の麾下に属し菅谷口をかため、小早川隆景の進撃を食いとめたばかりでなく、これを破って敵を後退させた。

かように清宗は、尼子御家老衆四人の中に加わって、その武威を輝かした勇将であったが、反面また文事の嗜みもあり、連歌や絵画などにも勝れた技倆を発揮した。天文二十三年（一五五四）一月一日、尼子晴久は前年暮れから富田城内に再逗留していた連歌師宗養等と共に連歌会を催したが（多胡家文書）、その時清宗もこれに参加した。また彼が描いた荘子胡蝶の夢（加茂町慶用寺蔵）、月と梅（加茂町黒田家蔵）、竹と雀（加茂町黒田家蔵）等の絵は、雲谷派の筆意をもって描かれ、その画技の並々ならぬもののあった事を思わせる。かように画筆に親しんでいた清宗は、自ら自閑斎となのって文雅を好んだが、晩年法体となってからは源友と号し、仏門に帰依した。

清宗には下段の略系のように男子三人女子三人があり、長女は高瀬城主に嫁した。

清宗
- 女子（高瀬城主米原綱寛に嫁す）
- 正勝（甚兵衛）（後毛利に降る、子なし）
- 元嘉（お手廻衆）─元量─就説
  - 広長─広玄（毛利に降る）
- 大二郎（丈二郎カ）
- 女子
- 女子

しかるに永禄三年（一五六〇）（一説五年）十二月二十四日、尼子晴久が四十九歳で頓死し、義久があとを継ぐと、尼子の衰運は目に見えて顕著となった。この頃、自分の娘聟である高瀬城主米原綱寛は毛利に降参し、ここに清宗と綱寛とは、敵味方に分れて複雑な関係に置かれることとなった。従って永禄八年（一五六五）四月十七日、富田城三面攻撃の時、佐世清宗は尼子倫久の麾下として菅谷口を防衛していたが、皮肉にも娘聟米原綱寛は小早川隆景の第一陣にいたので、清宗と綱寛とはお互に敵味方として相まみえる破目に立ち至った。戦国の常とは言いながら複雑な心境であったに違いない。元就はこの三面攻撃には成功しなかったが、その後は富田城攻撃の作戦を一変させた。それは城中に温存されている兵力を可及的速やかに減退させる事であり、その為には尼子の降将を優遇し、勧奨して降参のムードを高めることであった。かくしてその趣旨を公示すると、すでに食糧欠乏の極にあった城内には効果覿面《てきめん》として表われ、亀井能登守秀綱・河本弥兵衛隆任・湯信濃守惟宗等比較的大身の諸将は、続々として洗合に投降したが、この時佐世清宗も長子勘兵衛正勝・二男元嘉《もとよし》ともども降参の列に加わっていた。ただ三男大二郎だけは城内に残されたので、父兄降参の犠牲になって殺される運命となったのである。

清宗は晩年入道して源友といった。法名は永林院法厳源入居士といい、源入寺を建立した。

毛利に降参した清宗並びにその長男勘兵衛正勝・二男元嘉は、その後それぞれ毛利より厚遇されたが、特に正勝・元嘉の兄弟は、朝鮮征伐にも従軍し、関ヶ原の役にも参戦して攻をたてたので、戦後毛利氏が防・長二州に領土を削減され萩に移った後も、彼等の俸禄は減俸されることなく、むしろ加増された位である。晩年正勝は朝鮮征伐の武功によって、郷里佐世の地に帰ることを許され、父に劣らぬ画技を発揮し、また神仏崇敬の念極めて厚く、社寺の修復などにも努めた。慶長六年（一六〇一）七月二日死んだので、佐世源入寺にその遺骸を葬った。子がなかったので佐世家は弟元嘉の子、正景が継ぐこととなった。

因に維新の際、萩の乱の主謀者となった前原一誠は佐世清宗の後裔で、父は佐世彦七と言い、一誠はその長子で、天保五年（一八三四）に生まれ通称佐世八十郎と呼んでいたが、慶応元年藩の許可を得て前原を継ぎ、前原彦太郎（一誠）と改めた。前原は米原綱寛の子孫で、前原というのは米原の音を似せて改称したものだと言われている。

# 山中鹿介幸盛【やまなか-しかのすけ-ゆきもり】

天文十四年（一五四五）—天正六年（一五七八）

山中鹿介幸盛は天文十四年（一五四五）八月十五日、山中三河守満幸《みつゆき》の二男（長男は甚太郎幸高《ゆきたか》）として新宮谷山中屋敷で生まれた。母は立原佐渡守綱重の女「なみ」で、立原源太兵衛久綱の姉である。幼名は甚次郎といい、二男であったため亀井秀綱の養子になったが、兄幸高が病弱のため実家に帰り、山中家の家督を継ぐ事となった。山中は元来尼子の傍系で、尼子清定（貞）の弟五郎幸久、その子十四郎幸満、その子左京進満盛、その子三河守満幸となっている。（雲陽軍実記・佐々木系図）後年幸盛が尼子復興のためその一生を捧げたのは、幸盛にとって尼子氏は主家であると共に、また宗家であったからである。

幸盛の初陣は永禄三年（一五六〇）十六歳の時、義久に従って伯耆に入り、山名氏と尾高城で戦った時である。その時幸盛は山名の驍将菊地音八正茂を討ち取って、一躍その勇名をあげたばかりでなく、永禄八年（一五六五）四月十七日、毛利元就富田城三面攻撃の時には、塩谷口で敵将高野監物《けんもつ》を討ち取り、また同年九月二十日には、川中島に於て益田越中守藤包《ふじかね》の臣品川大膳（棫木《たらき》狼介勝盛と自称）と一騎討の勝負をしてこれを討ち取る等、武名の高かったことが軍記物に載せられている。史実としては永禄六年（一五六三）九月二十三日、白鹿城救援に赴いた尼子軍が敗れた時、殿《しんがり》軍となって功を立てたのが有名で、当時幸盛はまだ十九歳であった。

永禄九年（一五六六）十一月二十八日、富田落城後は尼子再興を期して上洛し、更に東北、北陸各地を遍歴して反撃の準備を整え、永禄十二年（一五六九）六月二十三日、隠岐より島根郡千酌《ちくみ》に上陸、忠山によって檄《げき》を四方に飛ばし、尼子再興・出雲復興の旗幟《きし》を掲げた。七月初旬富田城に肉薄したが、遂にこれを抜くことが出来ず、美保関で隠岐為清が反乱を起こすと、単身これに赴き、敵将中畑藤左衛門・同忠兵衛の兄弟と渡りあって大刀が折れ、危機一髪のところ危くも逃げのびた。翌元亀元年（一五七〇）布部山の一戦には、午後に至って戦況が逆転し、単身大雪を踏んで大根山《おおね》から天宮山《てんぐ》を越え、その夜のうちに洗合に帰着する等、果敢な離れ業を度々演じた。

その後出雲に於ける尼子勢は衰退の一路を辿り、遂に元亀二年（一五七一）伯耆末石で吉川元春に破れ捕虜となったが、苦肉の策で脱出に成功、山賊、野盗の首領となってゲリラ戦に奔命した。元亀二年（一五七一）八月二十五日、勝久が新山を放棄、ついで出雲を撤退するに及んで、幸盛もまたその年の冬出雲を去り、出雲戦線は二年二カ月にして完敗に終った。山中鹿介を野武士の如く見るのは、この間のイメージを過大視したものである。

天正二年（一五七四）幸盛は勝久を奉じ、同志と共に因幡にはいり、十日間に十三城を抜き、一時旭日昇天の勢を示したが、一度《ひとたび》吉川元春の大軍が進駐するに及んで、因幡の守護山名豊国は豹変して毛利に降り、私部《きさいち》・若桜《わかさ》ともに落城の運命になったので、これ以上の抗戦は不可能になり、一年九カ月に亘って活躍した因幡戦線も、朝日に霜のくずれる如くくずれ去った。かくして得た反省は、山陰の総指揮官吉川元春には到底抗し難いということであった。しかるに当時の情勢は尼子再興に未だ大いなる希望が残っていた。それは織田信長の抬頭と織田信長が抱く毛利氏への敵愾《てきがい》心であった。幸盛はここに一縷《る》の望みをかけたのである。よって毛利征討の総指揮官羽柴秀吉の先鋒となり、山陽方面より進撃することに躊躇はなかった。かくして天正五年（一五七七）十月十一日、尼子勝久・山中幸盛等は羽柴秀吉中国攻めの先鋒となって上月城《こうづき》に進出したのである。

播磨国佐用郡上月城は中国・近畿交通の最重要地点で、織田・毛利の攻防が常に繰り返され、僅か半年の間に三回も落城を繰り返してきた。即ち天正五年（一五七七）十二月三日には、城将赤松藏人政範《くらんどまさのり》が秀吉に攻められて自刃し、六日秀吉が姫路に凱旋するとその留守に宇喜多直家の部将眞壁彦九郎が奪い返したが、幸盛がこれを討って入城、翌天正六年（一五七八）二月幸盛が一旦上月城より姫路に引きあげると、再び宇喜多直家は上月十郎景貞に命じて奮回させた。三月秀吉は再び姫路を出発、佐用郡に入って上月城を攻撃し、城将上月十郎及び降参した一同を捕えこれを焼き殺すという虐殺を行った。これは繰り返し奪回された毛利への見せしめであった。その後秀吉はそのまま姫路に凱旋したが、今までの経過から見て上月城には誰かが留駐する必要があった。この時勝久は残留の可否について軍議を開いた。立原久綱は「上月城は東西交通の要衝であるから、毛利は必ず逆襲して来るに違いない。しかるに上月は極めて守り難い城である。暫く信長の麾下にとどまって時節の到来を待つのがよい。」と言った。幸盛は「その点は尤もだが、我々はすでに信長に忠誠を誓い、秀吉の先鋒として此処に臨んだ以上、強い決意を以っていささかでも認められるような功績をあげなくては出雲を望むことは難い。踏み止まって全力をあげてみよう。」と言ったので、勝久もこれに同じた。

一方毛利軍も事の重大なるに鑑《かんが》み、元春・隆景等全軍をあげ城を包囲してしまったので、鹿介から急を聞いた秀吉は、五月四日高倉山に着陣したが、戦況は日に日に逼迫《ひっぱく》していった。秀吉は単身上洛して信長の指示を仰ぐと、意外にも信長は上月城は捨てて三木城攻撃に専念すべしと命じた。よって六月二十八日、秀吉が高倉山を撤退して書写山に引きあげると、上月城は遂に孤城落日の運命となり、七月三日勝久・氏久の切腹によって城を毛利に明け渡すこととなった。この時全責任を一身に引き受けた幸盛は、毛利に降参し、百日に亘って籠城を共にした十年来の尼子の将兵の命を全うして解散させることに成功した。（織田毛利の戦はなお継続されており、時期到来すれば出雲解放はまだ夢ではないと考えていたのである。）幸盛の心中を見通していた元春は、後顧の憂を除くため、今度という今度こそ幸盛を処置しなければならぬと考えた。その秘策の実現が備中国高梁川阿井の渡に於ける幸盛暗殺となって実現したのである。

毛利軍は上月城が落城すると、輝元・隆景等は一旦帰国することとなり、七月十日幸盛も粟屋彦右衛門・山縣三郎兵衛等五百に警固され安芸に連行されることになった。天正六年（一五七八）七月十七日、一行は備中国高梁川阿井の渡場まで辿りついた。此処こそ幸盛暗殺の絶好の場所であった。

かねて吉川元春から策を授けられていた天野中務少輔元明（天野紀伊守隆重の嫡男）は、この渡場に一艘の小舟を用意しておき、幸盛の手勢を悉く対岸へ渡した。残るは幸盛と後藤彦九郎・柴橋大力之助等数名である。背後から近づいた天野の家来河村新左衛門が幸盛の背後から一刀あびせかける。両人が取り組んで川に飛びこむと、続いて福間彦右衛門・三上淡路守等が飛びこみ、格闘《かくとう》の末幸盛の首をあげた。幸盛時に三十四歳であった。

幸盛の墓は数カ所にある。岡山県高梁市観泉寺境内にあるものはその胴墓で、法名は「鹿山中的居士」となっており、広島県沼隈町鞆の浦静観寺山門前にあるのはその首塚である。阿井の渡場にある山中幸盛の墓は、正徳三年（一七一三）松山城主石川主殿頭の家臣前田時棟《ときむね》が同藩士佐々木郡六と協力して建立したもので、幸盛最期の場所を示す顕彰碑であり、鳥取県鹿野町光盛寺（一名幸盛寺）境内の墓は、亀井茲矩が天正八年（一五八〇）鹿野に封ぜられた時、阿井の観泉寺から分骨して建立したもので、同寺の法号は幸盛寺殿潤林浄了大居士となっている。

**追記**　鞆の浦静観寺門前に埋められた首は、その後兒玉周防守（就秀か）によって広島市草津海蔵寺に改葬された。幸盛最期の後、幸盛の女八重姫は兒玉周防守に庇護されて広島に連行され、吉和義兼に縁づいた。海蔵寺は兒玉党、並びに吉和氏の菩提寺であったので、幸盛の首は幸盛の女盛江の墓という名目にして吉和氏が代々祭祀を続けて来たという。

## 立原源太兵衛久綱

【たちはら-げんたびょうえい-ひさつな】

**享禄四年（一五三一）—慶長十八年（一六一三）**

立原氏の出自については、佐々木秀義の三男三郎左衛門盛綱の系統とする説もあるが根拠が明白ではなく、「山陰の武将」（藤岡大拙著）には、立原氏の先祖は信濃国伊那郡飯沼郷から起こった清和源氏の一派であると考えられている。その根拠は吾妻鏡の承久三年（一二二一）六月十八日の条に、宇治橋の激戦で戦死した鎌倉方武将の中に飯沼三郎とその子息があり、また姓氏家系大辞典に飯沼三郎とは飯沼資行《すけゆき》のことと誌してある。一方千家文書には文永八年（一二七一）、出雲大社三月会頭役結番帳という御教書《みぎょうしょ》（幕府から出した文書）があり、それに大東庄（百二十町）の地頭五人の内に飯沼四郎という名が見え、大西庄《だいさい》（現在の加茂町）の地頭は飯沼四郎の子となっている。大東・大西は立原の本拠立原（立原久綱は雲南市加茂町立原城主）に近く、その地頭が飯沼氏であった事は、立原氏の先祖を飯沼氏と考えた時理解し易い。また飯沼氏の先祖が信州伊那であるとしても、信濃と出雲の関係はほかにもあり、例えば三刀屋氏は諏訪部氏であり、牛尾氏は中沢氏であって、共に信州から地頭として出雲に入国して来たのである。なお佐草系図によると、出雲大社上官佐草信成は、大西庄内猪尾《いのお》谷村地頭飯沼親泰の妹を娶っており、親泰が飯沼四郎の一族である事は疑いない。その上系譜佐草信成の条の割注に「室・大原郡大西庄猪尾谷村地頭飯沼新三郎源親泰妹也」とあって、飯沼氏が源氏末流であることはこれまた疑いなく、姓氏家系大辞典に、信州飯沼氏を清和源氏としているのと符合する。かくして大西庄に本拠を置いたのが大西氏となり、立原を与えられた一族が立原氏と称するに至った。源太兵衛久綱が成人した頃、立原氏の家督は兄備前守幸隆であり、日御碕文書の中に天文九年（一五四〇）十二月二十三日、天文十一年（一五四二）三月二十三日の日付を持つ二通には幸綱の署名があり、天文十一年（一五四二）十月二十三日には幸隆署名の書状が残っている。これ等によって推定すると、この間に家督は幸綱から幸隆に移った事が考えられ、従って立原氏の系図は次頁の如くなる筈だとするのが藤岡大拙氏の推論である。

久綱の妹ナミ（山中鹿介母）、父は立原佐渡守綱重ともある。

清和源氏……飯沼三郎資行
飯沼四郎──子（大西庄地頭）
……幸綱──幸隆（備前守）
久綱（源太兵衛）

永禄五年（一五六二）七月毛利元就は吉田郡山城を出発、石見路を経て出雲赤穴に入り、北進して同年十二月には宍道湖北岸に達し、洗合《あらわい》（荒隈）に陣地を築き、富田城と白鹿城を結ぶ尼子防衛線の分断を狙った。この頃赤穴・三刀屋・三沢・米原等有力な出雲国人達はすでに毛利に対し降礼をとっていたので、尼子の形勢は日々険悪になるばかりであった。熊野城（松江市八雲町）主熊野西阿は永禄五年（一五六二）六月本城常光が毛利に降参した際、桜井・松田・牛尾等と共に一旦は毛利に降参していたが、同年十一月本城常光が元就によって殺されると、毛利に対して不安を抱き、松田・牛尾その他等と共に再び尼子に復帰していた。十二月元就が洗合に陣地を築くと、西阿は二千の兵を率いて飯石郡に討って出で洗合の兵站《へいたん》線となっていた三刀屋城へ攻め込み、日が暮れたので一旦大原郡に引きあげ、夜明けを待って再び攻めようとした時、三刀屋久扶《ひさすけ》に追撃され、加茂の八畦《やつうね》山で再び戦闘が始まり、西阿は此処で三刀屋の家来中西与三太郎のために討ち取られた。

明くる永禄六年（一五六三）一月、富田城では宇山久信・牛尾幸清等を大将として再び三刀屋城攻撃を企てた。この時案内役として先発隊を率いたのが立原源太兵衛久綱であった。この時久綱は年すでに三十二歳となり、義久の近習頭として重きをなしていた。源太兵衛の先発隊は三刀屋川を挟んで三刀屋城に対する地王峠に向かい、此処で三刀屋軍と激しい戦闘を開始し、源太兵衛は三刀屋勢の板倉彦六と槍を合わせて相手に深手を負わせたが、助太刀に来た諏訪部左近のために高股に傷を受け、三谷山に退却したところへ、漸く宇山・牛尾の本隊が到着した。大雪のために延着したのである。三谷山から三刀屋城は眼下に見おろされたので、源太兵衛の作戦によって包囲攻撃の行動に移ろうとしていた時、物見の者が息せき切って馳せ帰り、「元就は洗合城より小早川・熊谷・天野・赤穴の諸軍を動員して救援に向かわせた。包囲する前に退陣した方が良策であろう。」と告げたので、動揺した尼子軍は我先に大東を通過、富田へ帰って行ったが、これは全く元就の詭計《きけい》で、得意の孫子の兵法を実地に使ったのである。

その頃白鹿では、松田誠保《さねやす》・牛尾太郎左衛門等の率いる二千余人が籠城して、必死の抵抗を続けていた。その富田城内ではこれが救援のため軍議が開かれた。その時源太兵衛や鹿介等の近習衆は、

「我等が先ず第一陣として突入し、敵兵を撹乱《かくらん》したところへ、大身衆が第二陣として進みこれを撃滅し給え。」

と言上したが、この軍議は亀井秀綱・佐世清宗・牛尾幸清等の大身衆に押し切られて実現せず、結局は尼子軍の大敗北となり、僅かに殿軍をつとめた源太兵衛・鹿介等の働きによって、大将倫久《ともひさ》は富田城へ引き揚げることが出来た。

永禄六年（一五六三）九月十日、毛利軍は白鹿《しらが》城へ向けて大攻勢を仕掛けたが、別動隊は熊野城をも攻撃した。熊野久忠は大いに奮戦したが、熊野和泉守は戦死し、白鹿城も九月二十九日には落城し、城将松田左近将監満久（妻は晴久姉）は自殺し、その子兵部丞誠保《じょうさねやす》は隠岐へ走った。

永禄九年（一五六六）十一月になると、富田城は孤立無援となり万策尽きたので、元就は聖護院道澄を仲介に立て尼子兄弟に降伏を勧告した。道澄は米原綱寛を使者として富田城に派遣し交渉に当らせた。城内では降伏をめぐって議論が戦わされたが、当時富田に身を寄せていた赤穴の重臣吾郷勝久の意見もいれて開城に踏み切る事となった。降伏の条件を交渉する使者に立ったのが立原源太兵衛久綱であった。

毛利方では富田城を明け渡すならば、石州大森銀山の山吹城に五千貫の地を添えて義久に与えようという条件を示したので、尼子もこれを受け入れ、十一月二十八日、尼子義久・倫久・秀久の三兄弟始め、残留兵百四十人は富田城を下ったが、杵築に於て主従は訣別した。その時毛利は富田城明け渡しの功により、源太兵衛には原手郡に二千貫の地を与えたが（雲陽軍実記

では千貫、二宮佐渡覚書では二千貫と山陰の武将に出ている。）源太兵衛はこれを断り、京へ上って行った。

天正元年（一五七三）源太兵衛・鹿介等は念願叶って織田信長に見参する事が出来た。その時の模様を陰徳太平記には次の様に描いている。鹿介が初めに謁見しようとして室に入ると、彼は居並ぶ諸将に一礼の挨拶し、信長の側に進み拝謁の後盃を戴いて退出した。信長はその動作を見て「好漢《こうかん》」と言った。次に源太兵衛が入って来ると、彼は並み居る諸将には目もくれず、真直ぐに進んで盃を頂き、退出する時一々丁寧に礼をして退《しさ》った。信長は「立原は人物も立派だが振舞も尋常である。」と言って褒め、鹿介には四十里鹿毛《かげ》と言う名馬を賜り、源太兵衛には貞宗の銘刀を賜った。（陰徳太平記）この時二人の心中には信長の為に犬馬の労を尽し、主君勝久に郷国出雲を賜るに値する活躍に燃えていたに違いない。また信長から見れば、中国に隠然たる力を持ち、兎角自分に反抗勝ちな毛利征討の為には、直接毛利を敵として郷国奪還に執念を燃やしている尼子に協力を与える事が、天下平定上有利であると考えていたに違いない。

天正五年（一五七七）源太兵衛・鹿介等の尼子残党は、秀吉の中国攻めに加わり播磨佐用郡上月城の攻撃に参加していた。第一回は赤松政範を討って降し、第二回は眞壁彦九郎を討って取り返し、第三回は上月景貞を討って再び取り返したが、度重なる反覆に業を煮やした秀吉は、上月十郎景貞以下将兵を残らず虐殺してしまった。その後へ入城したのが尼子氏である。上月城に止まるか否かの態度決定の時に当って源太兵衛は、

「上月城は必らずしも堅固な城ではなく、その上播磨・美作両国の境にあり、上方へ通ずる要衝《ようしょう》なので、毛利は必らず反撃してくるに違いない。特に上月十郎虐殺のあとだから、その矢表に立つのは上策ではない。信長の毛利攻撃は早晩必らず実施される。時期到来を待って失地の回復を謀るべきである。」

と進言したが、幸盛はこれに反対し、勝久もまた幸盛の説に賛同したので、尼子軍は上月城に進駐する事になった。

この決定は決して不当のものではなかったが、折角

救援に来ていた秀吉の部隊は、信長の作戦変更によって六月二十八日高倉山より撤退したので、情勢は一変し、天正六年（一五七八）七月三日上月城は遂に落城の運命に立ち至った。城将尼子勝久・氏久は切腹、これを介錯した加藤彦四郎政貞・池田甚三郎久規《ひさのり》は殉死、山中幸盛は降参、他は悉く一命は助かり退去を命ぜられた。久綱は石州に下り、金子左衛門大夫方に預けられていた。毛利はその人物を惜しみ、屢々懐柔《かいじゅう》の策を弄したが、久綱はそれに肯《がえん》ぜず、髪をおろして珠栄となのり、兵馬・干戈《かんか》からは一切身をひき、女婿福屋隆兼が蜂須賀家政の家臣となって阿波の渭津《いのつ》城（徳島町、後徳島城という）にいたのを頼り、静かな生活を送り、慶長十八年（一六一三）四月二十六日八十三歳で天寿を全うした。戒名を節山院珠栄全忠居士という。世に山中鹿介・立原源太兵衛・熊谷新右衛門を尼子三傑と言っている。

久綱の嫡男は充忠《みちただ》と言い、鰐淵寺の総司として神門郡恒松郷（出雲市）に住んでいたので、恒松を姓とし、恒松氏は立原久綱の後裔といわれている。なお八東郡津田村（松江市）大字東津田に立原となのる家が二十軒ばかりあり、同村にある式内社鷹日神社遷宮の際は、立原一族が神体を奉戴する例となっている。平浜八幡宮の別当寺迎接《こうじょう》寺には、勝久が出雲に入った時、永禄十二年（一五六九）九月二十八日発した寺領安堵状が保存されている。それには立原源太兵衛久綱とあり、花押がある。これは当時久綱が勝久の重臣であったからである。

# 松田誠保【まつだ-さねやす】

生没年不詳

松田氏の先祖は清和天皇の末流、六孫王経基の子多田満仲である。尼子時代に現れてくる武将としては、松田三河守—松田備前守—松田左近将監満久—松田兵部少輔誠保などがある。松田氏が何時頃から出雲に定着したかの資料には乏しいが、松田備前守満重は左近将監と言い、備前国和気郡金河城主で四万五千石を領し、武勇の誉れがあった。長男治部大夫広重は金河落城後出家して京都に出で、妙顕寺に入山したので、二男左近将監満久は父と共に尼子に属し、雲州島根郡白《しら》鹿《が》城主となった。室は尼子民部少輔政久の息女で、尼子晴久の姉である。兵部少輔誠保はその子である。

能義一揆の起ったのは文明八年（一四七六）四月十四日で、尼子清定（貞）の時代であった。この指導者の中に当時安来十神山城主であり、美保関にも勢力のあった松田三河守があった。能義一揆は三沢氏等が参加するに及んでほとんど国一揆の観を呈するに至った。この一揆の性格は、要するに守護体制に対する抵抗であった。清定は勇戦して一揆が富田城に入城することは阻止する事が出来たが、一揆の勢力を根絶することは出来なかった。一揆の勢力は尼子清定追放にも影響し、結局は尼子経久富田城奪回まで尾を引いていったのである。経久の富田城奪回も、実は追放を受けた守護体制からの離脱であったから、能義一揆とその軌を同じくするものである。従って経久に協力した松田備前守満重は、経久によって重用され、姻戚関係にまで発展していった。かくして満重の子満久は富田城にとって最も重要な白鹿城主とまでなっていったのである。

尼子十旗の第一である白鹿城は、海抜二四六メートルの白鹿山城にあり、その南方には小白鹿があった。此所が富田城にとって極めて重要な地点であったというのは、一つには原手郡（現在の出雲平野）の兵糧を宍道湖・大橋川・中海を経、富田川を溯《そ》航して富田城に搬入する中間の監視哨であり、二つには島根郡（今の島根半島東部）と富田城を結ぶ中間の連絡基地で、防衛の重要拠点であったからである。

出雲全域に点在している尼子十旗は、それぞれその地方の根拠となる根城であり、富田城はこれ等の根城を総括する大根城であった。根城と大根城は有機的に結合され、出雲全域は一大要塞化されるに至った。その中でも白鹿城は最重要地点であった。

永禄五年（一五六二）出雲に進入し、洗合《あらわい》（天倫寺山）に本拠を置くことに成功した元就が、最初に手掛けなければならなかったのはこの白鹿城の攻略であった。元就の出雲攻略は当初極めて順調に進んでいた。即ち永禄五年（一五六二）七月、元就は吉川元春・小早川隆景以下宍戸隆家・福原貞俊・熊谷信直・天野隆重・山内隆道並びに安芸・備後の諸将を引率して石見に入ると、吉見正頼の将兵を併せ、七月二十一日津賀を経由して出雲に進入、赤穴・三刀屋・宍道を苦もなく攻略して塩冶に進み、今市に屯営した。その威風当たるべからざるものがあり、遠近の諸将は続々と降伏を申し入れてきた。出雲では白鹿城主松田誠保を始め、牛尾城主牛尾信濃守、熊野城主熊野兵庫介、また九月二十七日になると満願寺城主（佐陀江）湯原春綱、高瀬城主米原綱寛、また伯耆方面では羽衣石《うえし》城主南條宗勝、尾高泉山城主行松入道、江美《えび》城主蜂塚右衛門尉なども相前後して毛利に降参を申し込んだ。こう並べてみると、尼子を除く雲伯の諸将は、大略元就の摩下に属した様なものであった。しかるにその年の十一月五日、一旦毛利に降伏していた本城常光父子が、一族と共に元就によって誅戮《ちゅうりく》されるという事件が起こった。これが尼子の降将に与えた心理的危懼《きぐ》は夥《おびただ》しく、熊野兵庫介・松田誠保・牛尾信濃守・蜂塚右衛門尉等は次々と毛利に叛《そむ》き、再び尼子に帰属するに至った。この時心を変えなかった者は、三沢為清・三刀屋久扶・米原綱寛等の数名に過ぎなかった。

これ等の諸将の心底を見極めた元就は、一旦赤穴まで退いたが、十二月十日になると再び赤穴を出発、本営を洗合（天倫寺山）に定め、本格的な富田城包囲攻撃を開始した。しかし富田城の金城鉄壁はすでに承知の事であったので、腰を据え、長期戦の覚悟であった。それにはまず白鹿・熊野・牛尾を片づけておかなければ後方を撹乱される恐れがあった。かくして先ず最初に白鹿城の攻撃が始まったのである。

白鹿城の攻撃が始まったのは、永禄六年（一五六三）八月十三日であり、落城したのは同年の九月二十九日であった。城将松田兵部丞誠保はその父松田左近将監満久（一本吉久）と共に籠城熊勢にはいった。富田城では事の重大に驚き、白鹿救援の軍議を開いたが、亀井秀綱・牛尾幸清等の宿老たちと立原久綱・山中幸盛等少壮気鋭の人々との間に意見の相違があり、白鹿城の緒戦は結局尼子軍の総崩れとなり、僅かに山中鹿介の殿軍の奮闘によって、大将倫久以下富田へ敗走することとなった。

かくして白鹿は籠城四十日に亘り、それ以上の籠城は困難となったので、とうとう降参することとなった。

白鹿の合戦では「もぐら合戦」などのエピソードもあるが、矢文合戦などもその一つである。毛利方から

　とし経れば白鹿の糸も破《や》れはてて
　　毛利（森）の木陰の露と朽ちなん

と矢文を放つと、城中からは

　安芸（秋）の毛利（森）枝葉も落ちて
　　木枯の中に松田ぞ色をましたり

と答えた。城内からの矢文はやや負け惜しみの感があるが、どちらにしても両軍の中に風流の武士のいた事は事実である。

永禄九年（一五六六）十一月二十八日富田城が落城してから後三年、即ち永禄十二年（一五六九）六月二十三日、島根県千酌《ちくみ》に上陸した尼子復興軍は、直ちに檄《げき》を諸方に伝え、尼子恩顧の同志を招いた。この時十日を出でずして集まった人々には、秋上《あきあげ》三郎左衛門・同庵介・森脇東市正《いちのかみ》・松田誠保・隠岐為清・伯耆大山経悟院の衆徒等三千人があった。勝久はまず新山の城番多賀右京亮を一戦に降し、新山を本拠に末次・宇《う》波《なみ》・山佐・布部《ふべ》に城塁を築き、富田城を包囲してこれを奪回しようとした。富田城にいた天野隆重は、形勢の極めて重大なるを感じ、元就に援軍を要請すると共に、城兵三百決死の覚悟で防戦したので、流石の尼子軍も遂にこれを抜くことが出来ず、惜しくも半年の時を稼がれたのである。明くれば元亀元年（一五七〇）、毛利軍は一万四千を動員して出雲に進入、二月十二日比田諏訪山に集結、十三日北方布部の里に移動、翌二月十四日布部山に於て一大決戦が展開されたが、結果は尼子軍の大惨敗に終って、各地から参集した尼子方の将兵は、僅かに血路を開いてそれぞれの根拠地に四散した。その時、松田兵部丞がいず方へ亡命したかは明瞭ではないが、その後展開された因幡戦線・播磨戦線に参加したか否かの資料にも乏しい。また毛利に降参した人の中にも、松田誠保の名前は見あたらない。

# 米原綱寛【よねはら・つなひろ】

天文元年（一五三二）—慶長十八年（一六一三）

米原綱寛の先祖は宇多源氏の六角治綱《はるつな》で、京極氏とは同族の関係にあった。治綱は叔父定頼の養子となり、近江米原《まいばら》郷を領していたので、地名を姓として米原氏と称したのである。米原氏はその後尼子経久の部下となった。

尼子家臣団の構成を尼子分限帳によって見ると、御家老衆（宇山飛騨守・佐世伊豆守・牛尾遠江守・中井駿河守の四人）御一門衆（尼子下野守・宍戸大炊頭・京極相摸守・亀井淡路守・栃木河内守の五人）中老衆（大西十兵衛・立原源太兵衛・津森惣兵衛・森脇市正・山中鹿之介・本田豊前守の六人）御手廻り衆（平野又右衛門・米原平内左衛門・本田豊前守・佐世勘兵衛・佐世助三郎・牛尾太郎左衛門・横道源介・横尾源之允・三刀屋藏人《くらんど》の九人）があり、次に侍大将（四十二人）足軽大将（四人）惣押大将（六人）軍《いくさ》奉行（四人）惣侍衆（二十五人）となっている。これによって見ると、米原平内左衛門綱広は尼子家臣団の中でもかなり重要な地位にいたことがわかる。しかし米原氏は持久が近江から京極高詮《たかのり》の守護代として入国した時、持久に扈従《こしょう》して来たものではなく、経久の時代家臣団に編入されたものであるが、さりとて三沢・三刀屋・赤穴といった土着武士（国人）とは異なり、一般に富田衆（直臣団）と呼ばれる立場の人物ではあるが、さりとて尼子累代の家臣とも相違があった。（藤岡大拙「米原綱寛」『続山陰の武将』）また平内左衛門綱広と平内兵衛綱寛とは共に「つなひろ」と似ているので混同しやすいが、綱広は父で綱寛はその子である。

米原綱寛は少年の頃から美童で、尼子晴久から寵愛を受けたが、父（綱広）が御手廻衆という要職にいた関係もあってか、永禄五年（一五六二）には年二十歳前後ですでに高瀬城主となっていた。この年の七月、毛利元就は出雲に進入して赤穴に着陣した。この時三沢為清・三刀屋久扶・赤穴久清・本城常光など、いわば尼子にとって外様的家臣はいち早く元就に降礼をとったが、綱寛も聖護院門跡道澄（道増ともあり）の懐柔によって毛利に降り、永禄五年（一五六二）十月吉川元春の取り次ぎによって元就に見参した。ところがその年の暮、毛利に降参した本城常光（経光）が、元就によって一族誅戮の処分を受けるに至ったので、一旦毛利に降っていた雲伯の諸将たちは、心理的な動揺を来し、再び尼子に復帰するもの続出するに至ったが、綱寛は満を持して動かなかった。

永禄八年（一五六五）四月十七日、毛利軍が富田三面攻撃を行った時、綱寛は小早川隆景の手に属し、第一陣として菅谷《すがたに》から城内へ攻めこんだ。この時菅谷口を守っていたのは尼子秀久で、その配下に本田《もとだ》勝利がいた。これは綱寛の配下にいた半ノ上綱任《つなとう》と旧知の間柄であったが、両人は今や敵味方にわかれ槍を合わせることとなった。この時綱任は、わが主綱寛の裏切りによって、この様な時態になった不面目さを嘆いたが、結局勝利の槍先に伏せられて討たれてしまった。

永禄九年（一五六六）十一月二十八日、富田城は遂に落城の運命となり、降伏勧告の使者として城内へ入ったのがまた平内兵衛綱寛であった。義久三兄弟と遺臣たちは、警戒のもとに杵築（出雲市）に向かったが、直江・庄原辺まで来ると綱寛の居城高瀬城が見える。随行の諸将たちはこれを望んで、「綱寛が尼子の恩誼を忘れ二君に仕えた面憎さ」と慨嘆したと雲陽軍実記には誌されている。

永禄十一年毛利元就は九州の立花城（福岡県）に於て大友宗麟（義鎮《よししげ》）と死闘をくりかえすこととなった。この時綱寛も毛利方として九州にくだっていた。その頃尼子復興軍は京都から但馬に入り、奈佐日本《やまと》之介の援助を受けて隠岐に渡っていたが、永禄十二年（一五六九）六月二十三日の夜半を期して島根郡千酌に上陸、忠山《ちゅうやま》に拠って檄を飛ばした。これより前五月十七日、大友宗麟は九州在陣の綱寛に対し密書を贈り、

「勝久公が出雲に進入される機会があればこれに協力されよ。」

と勧誘していた。これによって見ると、尼子再興軍はかねてから大友宗麟と密接な関連を保ちながら出雲進入への機会をねらっていたのである。尼子復興軍の出

雲進入を聞いて、吉川元春・小早川隆景の兄弟は綱寛に対し、急ぎ帰国して高瀬城を固めよと命じた。よって彼は三百余騎を率い、立花城を出発したが、その行動は極めて緩慢《かんまん》で、ここに三日そこに四日と不用の逗留を重ねていた。この時綱寛の心中には、すでに尼子に復帰する考が芽生えていたかも知れない。

永禄十二年（一五六九）大森銀山の代官吉田孫右衛門は、出雲に進入した尼子勢に款《かん》を通じたので、毛利方の池田・坂・出羽・小田等はこれを阻《はば》もうと、援軍に馳せつけた山中鹿介・立原源太兵衛等と神門郡と飯石郡の境で一大決戦を開始することとなった。この時綱寛は五百余騎で高瀬城を打って出で、優勢の方へ味方しようと遠見の見物をしていたが、尼子方の勝ち色を見てとったので、始めて態度を決め尼子方に味方したので、毛利方は遂に潰滅《かいめつ》するに至った。この時綱寛は完全に尼子方に復帰したのである。

その翌年即ち元亀元年（一五七〇）二月十四日、布部中山で展開された毛利軍一万四千と尼子軍七千の激突は、尼子軍再興の天王山であった。この時綱寛は七百余騎をとひきつれ、水谷口を固めていた。午前中の戦況は尼子に有利に展開されたが、元春の別動隊が大谷から中山頂上の尼子本陣地を、北方から急襲するに及んで形勢は俄かに逆転、遂に尼子方の総崩れとなり、綱寛は辛うじて高瀬城へ逃げ帰った。その後尼子の退勢は日と共に窮《きわま》り、元亀元年（一五七〇）六月頃になると、尼子の拠点はわずかに勝久の籠る新山城（真山城）と綱寛の高瀬城を残すのみとなった。

この頃輝元は鳶巣《とびがす》城を根拠地とし、平田手崎城を修覆して岡又十郎元良を駐留させ、湖北一帯を押さえて新山城の攻撃を強化していた。こうなると高瀬城は平田・新山の中間地帯に位置し、毛利の東進を阻止する重要地点となり、綱寛の任務は極めて重大となった。毛利方は捨てては置けず、元亀元年（一五七〇）七月、吉川元春・小早川隆景の両将は、何よりも先ず高瀬城を攻略するのが急務と考え、これに猛攻を加えてみたが、天嶮の要塞は容易に陥落しなかったので、遂に兵糧攻めの作戦に転じた。元亀二年（一五七一）になると高瀬の窮状はその極に達し、万策尽きた綱寛は遂に城を捨てて新山城の勝久に合流したが、新山城も元亀二年（一五七一）八月には陥落し、勝久等尼子残党は悉く出雲から撤退する運命となった。

新山を落ちた綱寛はその後京都に走り、髪をおろして法体となり、名を可春と改め、尼子復帰後うち続いた傷痕から完全にのがれ、慶長十八年（一六一三）四月九日静かにこの世を去った。斐川町米原富蔵家の過去帳には、法名嶺照院前長州大守梅月宗円大居士とある。

## 三沢為清【みざわ-ためきよ】

生年不詳—天正十六年（一五八八）

三沢氏は清和源氏である。清和天皇の第六皇子貞純《さだずみ》親王の子六孫王は源姓を賜って武蔵守経基といった。これが清和源氏の祖である。その十世の孫が木曽義仲で、寿永三年（元暦元年　一一八四）一月粟津で戦死（三十一歳）したが、巴御前は信州に落ちのび、そこで義仲の遺児を生み落した。これが義仲の二男清水冠者義基で、その子の六郎三郎為仲が三沢氏の祖となるといわれている。

為仲は乾元元年（一三〇二）信州飯田から因州鹿野を経て仁多郡雨川（現在の八川）に来住、二年後三沢の庄鴨倉山《かもくら》（現要害山）に山城を築きここに移り住んだ。為仲から為宗・為家・為昆・為助・為在・為行・為忠・為常・為理・為国・為幸・為清・為虎と十四代二百八十七年の永きに亘り、強力な出雲国人としてその勢威を保った。尼子と特に関係の深かったのは為忠・為国・為幸・為清等の人々である。

為仲から八代の孫が為忠である。遠江守と言い、妻は亀嵩弾正小弼《しょうひつ》の女であった。三沢城より横田の藤ケ瀬城（高鍔山《たかつば》）に移り、禁裡仙洞から上意を蒙り、仁多地方の総地頭職を勤めた。長男は信濃守為国、二男は三刀屋蔵之助、三男は北田九郎右衛門、四男は牛尾太郎左衛門、五男は馬木出羽守道綱という説もある。藤ケ瀬城は三沢城よりは規模は小さいが、後方には横田盆地を控え、八川《やかわ》の下流が山麓をめぐって極めて要害の地である。

文明十八年（一四八六）一月一日、流浪中の尼子経久は弟義勝（久幸）と共に亀井・山中等の旧臣と謀り、奇計をもって富田城を取り返した。この頃信濃守為国は、亀嵩の玉峯山にも城を構え、尼子に抵抗していた。経久は山中勘兵衛勝重（一説に勘兵衛は左京進満盛、幸盛の祖父で、天文七年（一五三八）三月十日七十一歳で死んだ。法号浄林であるとも言われている）と謀り、三沢家の重臣野沢大学・梅津主殿《とのも》等七手の組大将を富田附近におびき出し、伏兵をもってこれを破ると共に、藤ケ瀬城を攻め、夜陰の風雨に乗じ背後の「桶が嶺」から奇襲し、遂に為国を降参させた。しかし仁徳の経久はよく優遇したので、その後三沢氏は尼子に任え、三沢城は尼子十旗の中でも白鹿城につづく重要な根拠となった。

為国の子が為幸である。天文九年（一五四〇）尼子晴久が大挙して元就の居城安芸の吉田を攻めた時、為幸は尼子の麾下に属して出陣した。大内氏の援兵が到来して晴久が包囲された時、三沢為幸は先登に進み、敵の首級をあげること十三級に及んだが、晴久は大敗戦となったので、この上は元就目がけて討ち取らんと、十阿弥《あみ》（三沢の麾下として阿弥をなのった十人の勇士）の部下を前後左右に率《ひきつ》れ、元就目がけて突いてかかった。この時為幸は元就の馬廻りから射出して来る矢を七本まで身に受けたので、次第に弱り遂に元就の家来井上七郎（井上党は元就家督相続の時、元就反対派の一類で先年誅戮されたが、この者ばかりは咎を免れて元就に奉公していた）のために討たれた。時に年三十九歳であった。

為清はその為幸の子である。天文六年（一五三七）に生まれていたので、為幸が戦死した時は四歳で、幼名を才童丸と言い、長じて下野守となったが、無双の大力で俗に「鬼三沢」と言われた程である。横田八幡宮にその大弓があるが、八人力と言われているのでも、その大力が想像される。

天文十一年（一五四二）大内義隆が出雲に来攻した時、出雲・石見・安芸の十三将はいち早く義隆に降礼を捧げ、その軍門に降った。その中に為清もいたが、翌天文十二年（一五四三）月山攻撃中、尼子大内の陣容を見比べ、到底大内に勝算のないのを感じると、十三将はたちまち態度を変えて尼子に寝返り、これによって大内勢は徹底的な大敗北となり、嫡子義房（晴持）は揖屋《いや》沖で溺死した。時に年二十歳であった。

永禄五年（一五六二）為清は晴久に従って石見に出陣した。一度尼子が大勝利をおさめたが（忍原《おしばら》崩れ）、晴久が退陣すると、同年八月元就は再び石見を巻き返し、大森銀山を攻めたてた。城将本城常光が毛利に降参すると、為清は三刀屋・赤穴等と共に相ついで元就に降参した。爾来為清は尼子と完全に絶縁し、元亀元年二月十四日布部山の合戦にも、天正六年（一五七八）上月城攻略の時にも、為国は毛利軍の麾下にあり、六月二十一日の戦闘では、秀吉軍を高倉山の麓まで追撃し尼子軍を苦しめた。

為清の子が為虎で攝津守といった。天正十七年（一五八九）国替のため一門残らず安芸に移住したが、後長門に移ったという。乾元元年（一三〇二）から天正十七年まで二百八十七年、十四代に亘って連綿と続いた三沢氏も、住み慣れた出雲の地と永遠に訣別することとなった。もともと三沢氏は出雲に於ける最強の旧勢力で、経久の抬頭と共にその傘下に加ったが、尼子が弱体化すれば、新興の毛利に従うのは戦国乱世の時代当然の事とはいえ、三刀屋同様その末路は哀れであった。糸賀多藏氏の調査による三沢氏の略系は次の通りである。

清和天皇―貞純親王―経基……五世の孫義家―義親―為義―義賢―義仲（木曽冠者）―義基（清水冠者）―為仲[1]―為宗[2]―為家[3]―為昆[4]―為助[5]―為在[6]―為行[7]―為忠[8]―為常[9]―為理[10]―為国[11]―為幸[12]―為清[13]―為虎[14]

法号並卒去年月日

一　為仲　撫国院殿天心為定大居士

正和五年（一三一六）丙辰五月十八日

二　為宗　度量院殿観叟定春大居士

建武元年（一三三四）甲戌七月二十二日

三　為家　智覚院殿心足正喜大居士
永和三年（一三七七）丁巳六月十日
四　為昆《つぐ》　真澄院殿直伝正覚大居士
応永二十二年（一四一五）乙巳九月十六日
五　為助　明智院殿悟安覚了大居士
文安元年（一四四四）甲子十月十日
六　為在　春光院殿養老義孝大居士
応仁元年（一四六七）丁亥三月十八日
七　為行　花岳院殿俊雄覚正大居士
文明十五年（一四八三）癸卯二月二日
八　為忠　萬松院殿普叟覚永大居士
永正十六年（一五一九）乙卯四月廿二日
九　為常　芳春院殿威中覚音大居士
大永元年（一五二一）辛巳二月十日
一〇　為理　心月院殿和中覚融大居士
天文九年（一五四〇）庚子十月十一日
一一　為国　涼光院殿運叟覚天大居士
天文五年（一五三六）丙申八月三日
一二　為幸　雲性院殿魁翁覚秀大居士
天文九年（一五四〇）庚子四月三日
一三　為清　文壮院殿忠峰義寛大居士
一四　為虎

## 三刀屋久扶【みとや・ひさすけ】

生年不詳―天正十九年（一五九一）

三刀屋氏は清和源氏で、清和天皇の孫源経基の五男満快《みつよし》がその祖である。始めは諏訪部氏と言ったが、後居住した地名をとって三刀屋氏と称した。承久三年（一二二一）九月、初代諏訪部快長《よしなが》が北条義時から三刀屋郷地頭職に補せられ、この地に築城してから十四代三刀屋弾正久扶（久祐）に至るまで、三百六十八年間常に強力な勢力に臣従して（或は尼子、或は大内、或は毛利）巧みに戦国乱世を泳ぎ、出雲南部の重鎮としてその勢威を保っていたが、最後は毛利氏の猜疑《さいぎ》によって領地を改易され、三刀屋から追放される運命となった。

即ち最初は北条氏から三刀屋郷地頭職を安堵されていたが、足利尊氏が抬頭すると、これに味方して山名時氏に従い、正平八年（一三五三）六月佐々木高氏の残党を討って功があった。しかるに明徳二年（一三九一）山名満幸《みつゆき》が幕府に叛した時には、京極高詮《たかのり》に従って軍功をたて、京極氏から改めて三刀屋郷地頭職惣領安堵状を受けた。後尼子経久が出雲を席捲《せっけん》するようになると、その傘下《さんか》に加わり、尼子十旗の中でも三沢と並んで強力な根城《ねじろ》となった。大永二年（一五二二）十三代三刀屋対馬守は、尼子経久から三刀屋の本領地の上に尾崎・萱原・上下熊谷《くまたに》等の領地安堵を受け、爾来尼子に忠節を尽したが、天文九年（一五四〇）大内義隆が出雲に来攻して来た時、いち早く大内軍に投降したばかりでなく、むしろ進んで大内義隆や陶晴賢（隆房）に尼子遠征の師を起さしめた位である。この時大内軍に投降したのは備後・安芸・石見の諸豪族十三人で、出雲では三沢為清・三刀屋久扶・本城常光・宍道正隆・古志吉信等がいた。大内義隆は月山の向城京羅木山に着陣して月山と対峙《たいじ》したが、金城鉄壁の月山はこれを落とすことが出来ず、却って形勢は大内軍に不利になってきたので、降将達は再び尼子に寝返り、遂に大内軍の敗北となった。その後十五年の間、久扶は尼子に隷属して忠勤を励んだ。久扶は幼名を三刀屋新四郎と呼んでいたが、弘治二年（一五五四）正月十二日、義久から「久」の一字を授けられ久扶となのり尼子の信任を受けたのである。永禄五年（一五六二）六月本城常光が毛利に降った時、三刀屋久扶は三沢為清・赤穴久清・湯原春綱等と共に毛利に降ったが、間もなく常光が元就によって殺されたのを見て、熊野久忠・松田誠保・牛尾信濃守等は再び尼子に寝返った。この時三沢為清・三刀屋久扶・米原綱寛・湯原春綱等は再び態度を変えることはなかった。その後三刀屋久扶は終始毛利方として尼子と戦った。永禄六年（一五六三）白鹿城攻撃の時、一番手は天野隆重・平賀隆宗で、三刀屋久扶は杉原盛重と共に二番手にあった。元亀元年（一五七〇）元就が病中の時、一時尼子は勢を盛り返したことがある。二月十五日三刀屋久扶・益田藤包《ふじかね》・平賀広《ひろ》相《すけ》・佐波隆秀等は誓書を毛利に出して忠誠を誓い、十月五日吉川元春が山中鹿介の立て籠もっている末石城急襲の時には、三刀屋久扶は三沢為虎・益田藤包・杉原盛重・南條宗勝等と共に元春救援のため、その日の夕刻末石に到着した。更に天正六年（一五七八）六月二十一日には、三刀屋久扶は三沢為清・南條元続《もとつぐ》・杉原盛重・吉川経家・天野隆重等と共に毛利軍の第一軍となって上月城の戦線に連なり、高倉山山麓まで進撃した。また、天正十四年（一五八六）豊臣秀吉が九州征伐をした時には、三刀屋久扶は吉川元春と共に門司の要害に駐屯した。かように毛利の為に忠誠を尽したが、天正十六年（一五八八）上洛の節、久扶は徳川家康に招かれたのでこれを訪れたところ、毛利氏はその内心を疑い、懲罰的な意味も加えて領地の改易を命じた。かくして十四代続いた三刀屋氏も遂に出雲から追放される運命となった。明哲保身に汲々として、巧みに戦国を生き抜いてきた筈の出雲国人の末路がここにも表われていた。久扶は天正十九年（一五九一）十月二十日に死んだ。法号は寛光院殿忠誉世真大禅門という。

## 牛尾遠江守幸清【うしお-とおとうみのかみ-ゆききよ】

生没年不詳

牛尾氏の先祖は信濃国中沢郷の豪族である。源氏が滅亡した時、北条氏の配下に属し、中沢郷を本拠として中沢氏をなのり、また出雲国大原郡牛尾荘の地頭として、牛尾をなのるに至った。だから経久が出雲の国を統一する以前からの既成勢力で、所謂国人衆の内の一人であった。

宝徳二年（一四五〇）十一月十三日、当時の出雲守護京極持清が牛尾弾正忠にあてた文書があるので、当時牛尾氏が牛尾の荘に定着していた事は事実である。尼子経久が誕生したのは長禄二年（一四五八）で、宝徳二年よりすれば八年後になるので、当時の守護代は尼子清定（貞）であった。経久時代になってから登場して来る牛尾の人々には、牛尾遠江守幸清（近江源氏の末流鈴木平左衛門重一の二男で牛尾を継いだともある）・牛尾久清・牛尾信濃守・牛尾弾正忠・牛尾大炊助・牛尾大蔵左衛門等がある。

応仁元年（一四六七）京都に於て細川・山名の争乱が起こった時、出雲の守護京極持清は東軍細川勝元に属していたので、出雲国内でも三刀屋・赤穴・牛尾等は東軍に属し、牛尾氏もまた出雲国内にあって専ら山名軍の討伐に任じていた。その功により文明元年八月二十三日、守護京極持清は牛尾三河守宛に感状を交付した。この時の守護代は清定であった。

文明十八年（一四八六）正月、尼子経久は富田城に塩冶掃部介（当時の守護代）を急襲して富田城を奪回し、経久五十年にわたる支配体制を確立する端緒をつかんだ。当時牛尾一族中で最も中心的人物であったのは、牛尾遠江守幸清（久清は幸清の子）であった。永正五年（一五〇八）六月大内義興は将軍義稙《よしたね》を奉じて入洛し、彼を将軍に復職せしめ、同時に帝都の治安を維持した。その時出雲から加った人々には、尼子経久を筆頭に三沢・三刀屋・牛尾一族・浅（朝）山・宍道等があった。この中には牛尾の統領牛尾遠江守幸清もいた。永正五年は経久が富田城に入城した文明十八年（一四八六）からすでに二十二年の歳月が流れ、経久の出雲経営もあらかた目処《めど》がついていた頃である。出雲の武将が帰国したのは永正十三年（一五一六）頃であり、経久の近国攻略が本格化されたのもその頃からで、牛尾一族は常に善戦してその勇名を馳せた。

天文九年（一五四〇）の尼子分限帳には、牛尾遠江守備前の内十万石、牛尾太郎左衛門伯州の内一万千七百石、牛尾弾生大弼松江の内三千七百三十三石とあり、牛尾遠江守幸清が尼子家臣団の中に於ても相当地位の高かった事が想像される。牛尾遠江守は文事にもすぐれ、天文二十二年（一五四三）晴久が連歌師宗養を富田に招いて連歌会を興行した時、

八雲にもけふ九重の霞哉　　宗養

あひにあひぬ花にくはゝる宿の春　　牛尾遠江守幸清

などがある。

牛尾幸清の最後の史料は、永禄七年（一五六四）五月二十四日の秋鹿郡成相寺領方書立之事という文書に、

尼子奉行衆連署として、立原備前守幸隆・津森越後入道幸俊・波根藤左衛門家豊・本田豊前守家吉・牛尾遠江守幸清と列記してある。これによって見ても永禄七年（一五六四）当時、牛尾遠江守幸清の占めていた地位が想像される。

月山を攻略するため洗合に本陣を構えていた毛利元就は、当初尼子の降参を受け入れなかったが、これは城中の兵糧を共食いさせるための手段であった。しかるに永禄八年（一五六五）四月十七日、富田城三面攻撃が不成功に終ると、作戦を変えて降参を奨励し、降参した者はむしろこれを厚遇し、知行も安堵させる方針をとった。これは城内の兵力を殺ぐための作戦であった。この作戦は見事図にあたり、永禄八年（一五六五）の秋頃になると、牛尾豊前守を始め、亀井秀綱（これについては異説もある）・河本隆任・佐世清宗・湯惟宗等、所謂尼子の大身衆は袖を連ねて降参し、十一月になると牛尾幸清も嫡子久清も城を出て洗合に降礼をとるに至った。この降参のムードを作った最初の人は牛尾豊前守だったといわれている。豊前守の妻女は毛利の武将武田刑部少輔信実の妹で、先夫との間に太郎という三才になる子があったが、連れ子したまま豊前守の妻となった。この子が成人の後牛尾太郎左衛門になるのである。豊前守の妻は元就の作戦変更と尼子の衰運を見通し、夫豊前守には何の相談もなく、自分一人の考えで元就に降参の意志を通じ、既成事実をとって仕舞ったので、尼子の恩顧に縛られていた豊前守も、遂に決心せざるを得なくなった。「豊前守でさえ」という連鎖反応が、引き続き尼子大身衆の降参を誘発することとなったのである。

かくして永禄九年（一五六六）十一月二十八日、富田開城の時、城内に留まっていた牛尾氏の一族は、牛尾信濃守とその嫡子弾正忠、並びにその兄弟三人とその子達だけであった。牛尾信濃守一族は下城して京都へ向かったが、父信濃守は京都で病死し、弾正忠は山中鹿介等と共に勝久復興戦に参加、再び出雲に帰って来るのである。

元亀元年（一五七〇）二月十四日布部合戦の時、牛尾弾正忠もこれに参戦した。結果は尼子方の大敗となり、弾正忠は僅かに血路を開いて落ちのび、家の子郎党が入れ代り立ち代り引き返して追いかけて来る敵を防ぎながら、牛尾の三笠城まで逃げ帰った。熊野まで帰る途中多くの討死と手負者を出した。

牛尾の荘には高平城と三笠城が相対している。高平城には先きに降参した牛尾豊前守がいたが、再興軍が出雲に進入して来た頃、豊前守は美作の升形《ますがた》城番として出かけていたので、妻はわが子の大蔵左衛門と共に留守をしていた。弾正忠はこれを攻めてみたが大蔵左衛門が固く守っているので落すことが出来ない。よってわが城三笠城に退いて守っていた。

元亀元年（一五七〇）四月十六日、吉川元春の家臣今田経忠・香川春継《はるつぐ》は抜けがけの功名をたてようと（両人は布部山合戦には従軍出来なかった）、三百人あまりの手兵を率《ひき》つれ三笠城へ攻めかけたが、城兵の抵抗にあって少なからぬ損害を出し、元春からは軍令に反した行動と厳しい問責を受けた。

一方、城内では元春の大軍に攻め立てられては到底勝算はないと、弾正忠の弟で僧籍にあった隣西堂が降参を願い出たので元春も承知し、城は円満に明け渡すばかりになっていた。ところがその夜たまたま城内から出火し、小屋が二、三軒燃えあがり、随所々に類焼して大火となった。これを見た毛利の諸軍勢は、さては毛利勢が攻め入ったのかと、我先にと攻めあがった。全く弾正忠の運の尽きであった。弾正忠はその弟並びに妻と今年十歳になる女子と共に、燃えあがる焔の中に飛びこんで死んでしまった。その後牛尾豊前守は作州から呼び返され、三笠城へ入れられてその領地を安堵させられた。

一説に牛尾大蔵左衛門は信州諏訪の士で中沢大蔵左衛門春重と言っていたが、牛尾豊前守家寿の女と結婚し、牛尾家を継いだとも言われている。天正元年（一五七三）十月吉川元春が因幡を平定すると、城将大坪一《かず》之《ゆき》を助けて私部《きさいち》に入った。後攻めて来た山中鹿介と戦い、しばしばこれを苦しめたので、「牛は鹿よりも強い」と評された程である。室は天正九年（一五八一）十月十七日に死んだが、春重は天正十四年（一五八六）十一月十七日に卒した。法名は自徳院殿忠禅長興大居士という。

# 熊野兵庫介久忠【くまの-ひょうごのすけ-ひさただ】

生没年不詳

熊野氏は尼子分限帳にその名は載せられていない。よって尼子家臣団中の地位については明確ではないが、熊野城は尼子十旗の一つに数えられ、尼子・毛利の合戦には、熊野入道西阿・熊野兵庫介久忠、熊野和泉守等の人々の活躍が載せられている。

熊野氏の居城であった熊野城は、松江市八雲町熊野にある二百八十メートルの要害山で、山容は極めて嶮しい。尼子時代には富田城防備の駒返り通路（富田城の向かい城、四七三メートルの京羅木山から南方につづく山嶺）の西方、熊野川（下流は意宇川）盆地の根城となっている要塞であった。

天文十一年（一五四二）大内義隆が出雲に来攻した時、熊野久家・同兵庫介久忠は尼子方として戦功をたてた。（久家と久忠の関係は明確にする資料がないが、久家は久忠の父であり入道して西阿となのると、そのあとを兵庫介久忠が継いだものと思われる。）雲陽軍実記の記述によると、永禄四年（一五六一）十二月、毛利元就が意宇郡の宍道に進駐して来た時、元就はさきに降参していた三刀屋久扶に、兵糧を宍道に運ばせるように命じた。その時熊野入道西阿（久家）はその輸送を妨げ、若干でも尼子に報いようと兵を出したが、久扶は兵六百をもってこれを加茂の「八つ畦《うね》」に防ぎ、激戦の結果、西阿は敗れて死んだ。「八つ畦」には今でも西阿の墓が残っている。

永禄五年（一五六二）十月、毛利元就は洗合に進入してここに本営をおき、同六年八月自ら将として白鹿城を攻めた。この時三刀屋・三沢を始め出雲の旧勢力は袖を重ねて毛利に内応したが、当時熊野兵庫介久忠だけは熊野城に踏みとどまり、常に尼子方として毛利元就を牽制していた。よって同年九月九日、元就・元春・隆景の父子三人は熊野城を攻めようと須賀山（八雲山）に陣し、翌十日総攻撃を開始した。まず火を城下の民家に放ち、悉くこれを焼き捨てると城壘に攻めこみ、激戦日暮れまで及んだが、要害堅固な山城はこれを落すことは出来なかった。そこで全軍が退却を始めると、城将熊野兵庫介久忠は精兵をひっさげ猛烈に毛利軍を追撃した。この時熊野和泉守（和泉守と兵庫介の関係は明瞭ではないが、和泉守は兵庫介の父久家の弟即ち兵庫介にとってはその叔父ではなかったかと想像される）はこの日の戦闘によって元就の臣山県小五郎によって討ち取られたが、毛利軍は熊野城を制圧することは遂に出来なかった。兵庫介が一時毛利に降参したとすれば、それは永禄九年の富田城開城前後であったと思われる。落城後義久三兄弟が杵築に連行された時、お伴の家臣中に熊野兵庫介の名は表われてはいない。

永禄十二年（一五六九）六月二十三日、尼子復興軍が島根郡千酌に上陸すると、熊野兵庫介は直ちに勝久のもとに馳せつけた。（落城後三カ年間の兵庫介の行動は不明である）元亀元年（一五七〇）二月十四日布部山の合戦に兵庫介久忠も参戦したが、結果は大敗となって熊野に敗走、毛利軍の追討によって味方の首級二百八十五をとられたと誌してある。

元亀元年（一五七〇）三月十日、毛利軍は一挙に熊野城を攻略しようと攻めかけたが、城が嶮しくこれを落すことが出来ない。よって方針を変え、熊野城から西方一里山続きになっている牛尾三笠城を先ず攻めてみようと、四月十六日これを攻めて（別項参照）落とすと、四月十八日にはその余勢をかって一気に熊野城を攻め落そうと協議した。熊野城では三笠城の落城と牛尾弾正忠の自滅によって意気阻喪しているところへ、かねて深交のあった毛利の臣井上肥前守のすすめもあったので、城を明け渡し毛利に降礼をとる事となった。熊野氏は途中より変節したのではなく、人事を尽して天命を待ったというべきである。

# 大西十兵衛高由【だいさい-じゅうべえたかよし】

生年不詳—天正十六年（一五八八）

大西氏は宇多源氏の流れで、佐々木秀義の四男四郎左衛門尉高綱の末裔である。（一節には信州から来住した飯沼氏がその祖であるとも言う）大西高範は兵庫介と称し、永正年中尼子経久が中国に覇を唱えた時、雲州大西鞍掛城《だいさいくらかけ》に居城し、三万石余の領地を賜っていた。よってその領地名をもって大西と称し、家紋は三巴であった。

大西氏は鞍掛城に居城していたので、また鞍掛氏と称していたと思われる。鞍掛山というのは現在の高麻《たかさ》山（高佐山）で、加茂と大西に跨っている山である。従って此処の城主が大西をなのったとしても不思議ではなく、またこの山が鞍掛山と言った事とも考え合わせると、城主が鞍掛氏をなのった事も肯かれる。結局この山に拠った城主は始め鞍掛氏をなのり、これが後に大西氏と変ったものだと考えられる。

大西十兵衛高由は大西兵庫介高範の子で、大西系図には次のように誌してある。大西十兵衛は永禄九年（一五六六）十一月二十八日、富田落城の時最後まで御奉公した忠臣百余人の内の一人で、男子が三人あった。後乱心の廉により義久の手にかかってお手討となったが、仔細がはっきりしてきたので、大西弥四郎（大西十兵衛の子）の子新四郎に家を継がせたとある。

大西十兵衛は尼子氏の重臣として諸所の合戦で戦功をたてたが、その内最も聞えているのは、天文十二年（一五四三）大内義隆が富田城来攻の節、富田八幡宮、宮尾（八幡宮後方の台地）に陣を布いていた毛利元就に働きかけ、これを敗走させた事で、この時尼子方の武将は大西十兵衛・本田豊前守・立原源太兵衛等であった。また永禄八年（一五六五）毛利元就三面攻撃の際、大西十兵衛は城将尼子義久の麾下にあって御子守口に於て元就と戦い、大いに奮戦して毛利軍を斥けた。しかし天運尼子に利せず、永禄九年（一五六六）十一月二十八日富田城が落城すると、力石・津森などと共に義久の随従を毛利氏に許されて安芸に下った。

尼子家分限帳によると、大西十兵衛は中老衆で、備中で三万石を頂いていた。お手討になった事情については、義久三兄弟が安芸円明寺に七年間幽閉されていた時、監視役の一人であった内藤梅雪が「内藤内蔵之丞入道梅雪覚書」というものを誌しており、それが尼子家に伝えられているものの中に次のような一節があり、これによってその事情を知ることが出来る。

「尼子殿御重代の御腰物名物、日本に稀なる刀御座候を吉田方御覧有り度くと中務に仰せ遣わされ、随分才覚仕り候へとの御意に付て、尼子殿へ申候へば、其刀の儀富田月山城に御座有る可く候條、月山の城に御穿《せん》鑿《さく》候へと仰せられ候、両度に於て刀の儀申し候へ共右の様仰せらるる計《ばかり》に候、然る処中務子細御座候て、ある時吉田へ罷越し輝元様に直に聞出し申し上候へば、殊の外御機嫌よく候て、此上は其方用捨なくと仰せ出でられ候に付て、小一年過ぎ御状下され、中務緩《ゆる》せの様に御意成され候へば、其御状を友林（義久法名）に御目に懸け申す可しと申し罷り帰り候、左候て小一年過ぎ御状下され候へば、則ち友林に御目に掛け候所、友林只今迄は右の如く申候へ共、中務之《これ》を緩《ゆる》す様に輝元仰せられしと聞え候条、中務所に対し進む可き由とて、刀を取り出され、兄弟三人御覧に成られ、御涙を流され刀をお渡しなされ、請取罷り返り申候、さ候て明る日早々吉田へ持参申上候へば、輝元様御直に御請取り遊ばされ、殊の外御機嫌能く御食遣はされ罷り帰り候由申候、右の刀は大閤様御成の時御上げ成され候由に候事」

大要右の様な文面である。即ち尼子家伝家の宝刀を毛利氏が得んとしたのに対し、尼子氏は「その刀は月山城に置き忘れたり」等と言を左右に託し、曖昧の裡に葬らんとしたが、この記事中に「ある時吉田へ罷り輝元に直に聞《きこえ》出し申上候」とある様に、その秘密を探って刀の在処を輝元に申し上げたので「此上は其方用捨なくと仰せ出でられ候」とあって、今はやむなく泪《なみだ》と共にその刀を毛利家に渡すこととなったのである。この宝刀の秘密を中務に洩した者こそ実は大西十兵衛高由であった。よって高由はお手討の悲運になり、津森が大西に代って義久の老職に就いたのである。

大原郡誌に津野左馬之助氏は「鞍掛氏は則ち後の大西氏でなければならない」と誌されている。鞍掛氏も大西氏も共に家紋は三巴である。しかし昭和四十一年（一九六六）七月当時加茂町の教育委員であった久我法潤氏は、高麻山に就いて次の様に報告されている。

天文の頃、尼子の臣に鞍掛近江守次郎四郎源久光が此処に城を築いた。伝によれば鞍掛氏は仁和寺（現大東町）・大西・砂子原（現加茂）・加茂中を合せて四千石を領したと言われる。天文三年（一五三四）加茂神社の棟札に「大檀那鞍掛近江守次郎四郎源久光」とあり、同じく別年の棟札に「大檀那源経久・地頭湯原次郎右衛門」とある。此の城が全く毛利氏の手に帰したのは、尼子勝久が復興戦を起こした元亀元年（一五七〇）である。出雲私史に「元亀元年四月十八日、元春等軍を十倉山に移し、神門郡に在り」と誌されているから、この城の陥ったのは元亀元年（一五七〇）の四月から七月までの事と思われる。口碑には「城主免がれざるを知るや城を焼き払い高瀬に去りし」とあり、現に庫跡二カ所があって黒焼になった米や豆の類を出している。山腹に御庫があり、御本殿は砂子原分に、長泉寺跡は仁和寺分にあるが今は田となっている。大手は中村にあって櫓田の字名が残り、搦手は大西にあって小門谷の地名が残っている。加茂市街を初め、各所に寺院の跡が多く、法蔵寺・正法寺・専正寺・経蔵寺等その名が残っており中村辺には碑文の湮滅《いんめつ》した五輪塔も多く、尼子時代高麻《たかさ》城下の繁栄が偲ばれ、高麻山がこの地方の根城であった事は間違いない、只落城の時の城主は矢張り鞍掛氏であったので大西十兵衛との関係は十分ではない。

出雲私史によれば元亀元年（一五七〇）四月十七日、三笠城主牛尾弾正忠は妻子と共に火に投じて死に、十八日元春は軍を神門郡十倉山に移し、高瀬城を攻めようと六千騎を率《ひき》いてこれに赴かんとした。その時、大西城主大西十兵衛と高佐城主鞍掛治部兵衛は、敵の威風を望み城を捨てて高瀬城に入ったと記してある。これによると大西城と高佐城がはっきり区別され、従って大西氏と鞍掛氏とは別個の城主となっている。

そうすれば高佐城（高麻城）のほかに今一つ大西城

というものがあった筈であり、しかもその山は現在どの山を指しているのかという疑問が残るのである。

## 赤穴久清

【あかな・ひさきよ】

**享禄元年（一五二八）―文禄三年（一五九四）**

赤穴の地には平安末石清水八幡宮の荘園が設けられ、別宮（末社）が建立されていた。（一説に元暦二年〈一一八九〉源頼朝がこの八社八幡に対し鎌倉鶴ヶ岡大蔵山の朴《ほお》の木で神像八体を彫らせ、八別宮に納めさせたという伝えもあるが、近世になって所謂八所八幡とは平浜・安田・須佐・由来・横田・朝山・佐世の八宮であるといわれている）現在ある赤穴八幡宮には、嘉暦元年（一三二六）作の神像三体（重要文化財）があり、その体内から出た銘札二枚によると、当時の赤穴荘の地頭は紀季実といったという。その子孫が赤穴の地名をなのって赤穴氏と称し、瀬戸山城を築きその城主となったものと思われる。

赤名氏略系によると、赤穴となのってから五代目に幸清がある。

五 幸清（永正十一年死 七六歳）―六 久清（左京亮）（天文二十二年死 八三歳）―七 光清（右京亮）（天文十一年討死 五〇歳）
- 詮清（天文十二年七月七日大内の人質となって自害）
- 定清（詮清と共に自害）
- 八 久清（祖父左京亮の名を継ぐ）―九 幸清（永正十八年死 三七歳）
- 幸清（兄久清の養子となる）

天文九年（一五四〇）富田城主尼子晴久（当時二十六歳）は、祖父経久・大叔父久幸（一本義勝ともあり）の反対を押し切って、安芸吉田郡山城に毛利元就を遠征したが、元就の機智と大内義隆の来援によって大敗し、大叔父久幸以下多数の戦死者を出し、天文十年（一五四一）一月寒さと戦いながら辛うじて富田城に帰還した。

この年一代の英雄尼子経久も、十一月十三日八十四

年の生涯を閉じたので、国人武士の間には大動揺が起こり、出雲・石見・備後の強豪十三名は袂を連ねて大内方に寝返り、

「義隆朝臣出雲御発向になれば我等十三人お味方に参じ先陣をつとめましょう。」

と言い出すに至った。十三人とは出雲の三沢為清・三刀屋久扶・河津久家・古志吉信・宍道正隆・石見の福屋隆兼・吉川興経・出羽《いずわ》助盛・本城常光・備後の三吉広隆・高野山久意・山内隆道・宮若狭守の人々である。この中にあって、赤穴瀬戸山城主赤穴光清だけは尼子のもとを離れなかった。赤穴は出雲防衛の最重要拠点だったので、吉田敗退後国内が動揺すると、晴久はすかさず田中三郎左衛門に千人の手兵をつけて瀬戸山城に送り込んでいたばかりでなく、日頃から特別な厚遇を赤穴氏に与えていたのである。

天文十一年（一五四二）正月大内義隆はいよいよ尼子討伐の兵を起し、三月には石見出羽の二つ山城（邑南町）に到着、総勢四万出雲進入の準備をすすめた。

一方赤穴城将右京亮光清は、尼子援軍の大将田中三郎右衛門とも相談の上、富田へ注進して援軍を催促すると共に、援軍到着までは固く城門を閉ざして籠城しようと覚悟を決めた。赤穴の老将吾郷大炊介武利（赤穴の一族で当時赤穴城の下手にある鳶《とび》が城を預かっていた。）も言った。

「富田は二十余里も距てた遠方なので援軍の到着にも時日がかかる。その上途中にはすでに大内に寝返った三刀屋・三沢・河津・宍道などがいて、果して援軍が当城へ到着出来るは否かの見込みも立たず、不日大内軍も攻撃して来るに違いない。我々は急いで合戦の用意をすべきであり、老骨ながら自分も先鋒を承り度い覚悟である。」

そこで光清は瀬戸山城の下手にある獺《うそ》ヶ淵《ふち》で赤名川を堰き止めたので、満々たる水は赤穴盆地に溢れ、城の前面は湖に一変してしまった。

天文十一年（一五四二）六月七日、大内軍の中にいた熊谷直続《なおつぐ》（安芸の名族で高松城＝広島市可部城主熊谷信直の弟）は、抜けがけの功名を立てようと、都賀《つが》の渡しの本営から独り前進して、赤穴の在家に火をか

け獺ヶ淵に迫って来た。これを見た城将右京亮光清は、直続軍を包囲し猛攻を加えたので、流石剛勇をもって知られた直継もとうとう此処で戦死してしまった。その墓地は今でも獺ヶ淵附近の草むらの中に残っている。

毛利元就が都賀の渡しを越えて陣列を布いたのは天文十一年（一五四二）七月十八日であり、直続が戦死してから一カ月半も経ってからの事であった。かくして前進した元就は、瀬戸山城の向かいにある元《もと》山に陣を張り、陶隆房・相良武任・杉重矩・内藤興盛等は赤名川西方一帯に布陣して、いよいよ七月二十七日を期して総攻撃を開始した。軍勢四万余、これに比し城内にいた赤穴軍は僅かに二千に足りなかった。この時八十七歳（一説八十四歳）の吾郷武利は白髪を振り乱して健闘していたが、遂に壮烈な戦死を遂げるに至った。大内軍も多数の死傷者を出し、日も日暮に迫って来たので、一旦退却することとなったが、その時陶隆房の軍中から放った矢は、阿修羅の如く戦っていた右京亮光清の喉元深く射抜いた。何しろ急所だったので、城内へ引き揚げると間もなく光清は絶命した。

七十二歳になった父の久清は、田中三郎左衛門と協議の上、光清の死は秘したまま大内方に城を明け渡すことを願い出させた。大内軍も攻めあぐんでいた事とて、赤穴の降伏を大いに喜び、夜明けを待って光清と対面し、城を受け取ろうと安堵して戦陣の疲れを癒《いや》すこととなった。

田中三郎左衛門は城内の老若男女総てを集め、夜陰に乗じてこれを引率し、仁多路を通って無事に月山にたどり着いた。雲陽軍実記によると、田中三郎左衛門は文武二道に秀で、誠実で質素倹約を旨とし終生妻をめとらなかった。晴久は三郎左衛門に厚い犒《ねぎら》いの言葉をかけたが、彼は心中尼子の援軍が来れば、赤穴光清の戦死も見なくてすんだと残念に思ったに違いない。その後彼の姿は富田から消え去っていたのである。彼の後日譚は雲陽軍実記の末尾に現われている。話はこうである。

天正の末、出雲富田の近在に住む幸阿弥という男が熊野詣を思い立ち、序に那智の瀧を見ようと道に迷い、日も暮れたので途方に暮れていると、七十ばかりの異

様な道者が現われ、生国を聞いたので、生まれは雲州富田の附近と答えると、道者は驚きの色を見せ、

「尼子毛利の戦はどうなったか、田中屋敷には今誰が住んでいるか。」

と色々聞きただすので幸阿弥が答えると、道者は涙を流して聞き入っていたが、やがて幸阿弥に人里のあたりを教えると山奥へ姿を消して行った。この道者こそ隠栖した田中三郎左衛門その人であったというのである。

赤穴瀬戸山城を落とした大内軍は、七月二十九日由来（頓原）に軍営を進め、暫く滞留して傷兵の治療を行い、天文十二年（一五四三）二月富田城の向かい城京羅木に陣を張った。かくして富田城攻撃が開始されたが、天下の堅城は微動だにせず、却って果敢なる尼子の撹乱によって、大内軍は苦境に立たされていた。この戦況の膠着《こうちゃく》を八幡山から観望していた先の降将三沢・三刀屋・本城・吉川・山内等は、再び態度を変えて尼子方に寝返ってしまったので、大内軍は総崩れとなり、五月七日一斉に退却を開始し、石見路を通って本国へ引き揚げて行った。

大内軍の敗北を知った赤穴では、直ちに兵を挙げて（城将は先に戦死した光清の老父久清）瀬戸山城を奪還した。これによって先に人質として大内方へ送られていた詮清《あききよ》・定清（戦死した光清の長男・二男、久清から見ればわが孫である）の両名は、その年の七月七日筑前に於て生害させられる破目となった。久清に取ってみれば、この愛孫二人を犠牲にしても、瀬戸山城は奪還する必要があり、それに光清の遺児三男（満五郎といったが後祖父久清を襲名して久清といった。これが本編の主人公赤穴右京亮久清である）は自分の手許にいたのである。

永禄五年（一五六二）赤穴右京亮久清は、すでに三十四歳の壮年に達していた。この年の六月、毛利元就は本城常光を懐柔して大森銀山を手中に収めると、直ちに出雲進攻を開始し、早くも毛利に款《よしみ》を通じて来た三刀屋を介して自分の伝書を久清に示した。「毛利に降れば赤穴の地五百貫を安堵する」という趣旨である。久清はその使者を一先ず赤穴の旅館に待機させ、重臣

を集めてその去就を協議させることとした。

時に森田左衛門・鳥田権兵衛の両人は、

「今まで尼子の恩顧を受けてきた我々が、今更毛利の武威に恐れ降参するのは、忘恩の徒となって武門の道にはずれる。三沢・三刀屋の如きは変節常なく、保身のみに汲々としているが、当家はそれとは違う。先君光清公を始め譜代の家臣皆節義を重んじ、各地に転戦してその生命を落している。これこそ当家武門の誇りで、我等はその志を継がねばならない。この際断固毛利の猛勢を引き受け、潔く当城に於て討死し、永年に亘る尼子の厚恩に報いるこそ武門として最善の道である。」

と熱誠面に現われて言上した。

この時往年大内来攻の際戦死した吾郷武利の孫、吾郷勝久が徐ろに口を開いて言った。

「森田・鳥田御両人の言われることは尤もである。我が祖父武利も天文の合戦に討死し、石見の知行は悉く失った。まことに大内・毛利は自分にとっても仇敵である。しかしながら当城の寡兵で毛利の大敵に当たっても、万に一つの勝目もない。かくては見す見す当家を滅ぼし、真の忠義とはならない。一先ず毛利の鋭鋒を避け、時節を待って尼子への報恩を図るこそ今度の善処である。」

と憶することなく物静かに言ったので、赤穴譜代の家臣たちも勝久の意見に賛同した。

瞑目して静かに両者の意見を聞いていた久清は、城主としての決断を下さなければならなくなった。

「森田・鳥田両者の諫言は君を敬い忠を励む勇士の義心であり、吾郷の説は深謀遠慮によって当家の安泰を図らんとする金言である。人質としてすでに他界した二兄の志も無にしてはならず、赤穴の安泰を図る全責任は懸って我が双肩にある。今となっては尼子の援軍も期待出来ず、玉砕すれば当家の祭祀は永久に根絶する。不本意ながら今は毛利に降り、暫く世の変遷を見て再び花咲く春を期したい。」

かくして久清の降伏は認められ、赤穴五百貫が安堵されたばかりでなく、八月二十七日には元就・隆元父子の連署により、「待遇については決して疎略にはしない」との起請《きしょう》文が届いた。毛利の大軍が赤穴に入ったのは永禄五年（一五六二）七月二十八日である。

　意見の相違によって瀬戸山城を出て行った森田左衛門勝経と鳥田権兵衛の二人は、一族郎党三百人を率い琴引山に立て籠ると、石見、周防あたりの浪人も合流して、その兵力およそ二千に達したので、加田の松本山（来島）に本営を置き、突根尾が原（飯南高校南方）に逆茂木を引き、赤穴方面に出没して兵糧を掠《かす》めたりした。元就は天野隆重・熊谷信直等を大将に、三千の兵力で討伐に向かわせたが、一揆等はよく戦い激戦の後、大将鳥田権兵衛は遂に戦死してしまった。権兵衛を失っても一揆の抵抗はなお続いたので、元就は本城常光に命じて掃討に当たらせることとした。常光が三千の兵力で突根尾が原に進んで来ると、森田勝経はこれを迎えて大音声に
「珍しや本城、昨日までは同じ尼子の味方であったのに、買収されて我等に刃向かうとは内股武士の知行盗人、我等義心の一矢受けてみよ。」

と鳥田権兵衛の弔合戦に激闘数刻に及んだが、一揆は遂に破れ、森田は白鹿城へ逃げて行った。その後間もなく本城常光は元就によって誅戮《ちゅうりく》されるのである。

　その後元就は久清を呼び寄せ、

「来島の一揆で味方は大損失を招いた。しかるに貴殿はこれを制止せず、傍観していたのは何故か。」

「来島の一揆が我と無関係の者であれば、下命を待つまでもなく、我が領内の事であれば自ら出掛けて討伐したであろう。過日降伏の伝書が到来した時、彼等両人は尼子への旧恩を思って降伏には反対であったのを、自分は両人を抑えて降礼をとる事に決した。人道の正路は彼にあって非義はむしろ我にある。この忠義一徹の両人を我の手によって討つことは出来ない。不審が晴れないならば如何なる処置にても甘んじて受けよう。」

といった。元就は近くに伺候していた元春、隆景の兄弟に向って、

「久清は古今の義者、森田・鳥田の両人は古の中国の賢者伯夷・叔斉に似ている。」

と言ったと雲陽軍実記に載っている。明哲保身にのみ明け暮れた戦国時代に、道義を重んじた一陣の清風が胸襟を払う思いがする。

# 神西元通【じんざい・もとみち】

生年不詳―天正六年（一五七八）

神西氏の遠祖については明確な資料はない。狭布《さぬの》稚国《わかくに》の図（作者年代不明）の説明書に、「神西龍王竹《たけ》生《の》城主小野高通、貞応二年（一二二三）鎌倉より当国へ入る。（この年六月新補地頭の得分率法を定めると日本史年表には出ている）元道・景道・時道・貞道・△道・惟道・為道・連道・久道・広道・国道、弘治三年迄十二代三百四十三年相続」とあって、元通の名が出ていない。（『出雲私史』には元通は小野高通十二世の孫とある）天文四年（一五三五）十二月一日父より家督を譲られたと『山陰の武将』には出ている。尼子分限帳によると神西元通は足軽大将の地位にあり、美作で四千六百六十六石の知行を受けているので、尼子家臣団の中でも相当高い地位にあったと思われる。彼が毛利に降ったのは永禄八年（一五六五）四月十七日の富田城三面攻撃後で、城内の食糧事情も漸く逼迫し、大身衆程一族郎党の生活保障に困難を喫していた頃である。この頃牛尾豊前守の投降を皮切りに、亀井秀綱・河本隆任・佐世清宗等毛利投降一番組が続出する中に、神西元通もまたその中の一人であった。

彼が尼子に復帰したのは永禄十二年（一五六九）六月二十三日、山中鹿介等に擁立された尼子勝久が島根郡千酌に上陸、忠山《ちゅうやま》に拠って尼子の旧臣に檄を飛ばした頃である。その頃尼子に復帰した人々は秋上《あきあげ》綱平その子庵介・森脇久仍《ひさより》・目賀田新兵衛・河副美作守・横道兵庫介・弟源介等三千人に及んだが、伯耆国末石にいた神西三郎左衛門元通は未だ態度を表明していなかった。よって山中鹿介はその真意を探ってみようと、説得の使者を送ってみたところ、元通は、

「ふるから小野の本柏《もとかしわ》」

と墨痕《ぼっこん》鮮やかに記して使者に渡した。これは古歌に「石《いそ》の上ふるから小野の本柏、もとの心は忘られなくに」とあるのをとって、尼子の御恩は忘れてはいないという心を寄せたものであるが、自分の祖先は小野氏で、三百年以上出雲に定着しており、先祖の心を忘れ

ていないという郷愁の念もこめられていたのである。元通が愈々尼子に寝返る態度を表明したくだりに就いては、雲陽軍実記に次のように記している。

末石の城にいた元通の添役として、元就は腹心の小寺佐渡守と中原善左衛門の両名を附けておいた。折節小寺佐渡守は軍務連絡のため芸州に赴いていたので、その留守の間に元通は、善左衛門を討ち取って勝久に随身しようと思い、色々手筈をめぐらした。

まず碁会を開いて林阿彌という大力の者と善左衛門とを対局させる。自分と討手とは側にいて助言をする。対局が進んで適当な時、自分が「そこを切れ」と言った時、討手は即座に中原に切ってかかる。若し切り損じたら林阿彌が立ちあがって組み伏せる、という手筈を決めておいた。いよいよ対局の日が来て、神西と討手とは傍らにいて色々助言をしていたが、ある所まで来た時、神西は突然「そこは切れ」と言った。すると件の討手は抜き打ちに切りつけたが、早業の中原は突差に碁笥《ごけ》をとって受け止め、一尺八寸の脇差を抜いて討手の眉間に切り付け、二の太刀で林阿彌を切って落とした。この隙に神西はすかさず中原の左手を切り落し、首をはねてしまったと記されている。

元亀元年（一五七〇）二月十四日の布部山合戦には元通も参戦したが、この天下分け目の合戦も尼子方の敗北に終り、勝久の出雲進入もあらかたこの時点で勝敗の目処《めど》はついてしまった。元通は無事に戦場から逃れて神西城に帰ったが、布部山合戦敗北後の尼子は、折角手に入れた出雲の城塞を次々毛利に奪回され、元亀元年の夏頃になると、残る尼子方の城といえば、勝久のいる新山、それに米原綱寛の高瀬、元通のいた神西など僅か数城に過ぎなくなった。まさに秋風落莫の感である。その内、米原の死守した高瀬城も落ち、勝久は新山城より脱走したので、元春は神西城の攻略を企てたが、この時元通はすでにその城にはいなかった。勝久の出雲進入は二年二カ月にして僅花《きんか》一朝の夢として終った。

その後元通の名の再び現れるのは天正元年（一五七三）である。その頃、出雲戦線から敗走した尼子浪人は、元通を始め山中鹿介・立原源太兵衛等多くは京都にのぼっていた。勝久はこれ等旧臣を率い、信長の援助を受けて因幡に入り、山名豊国を味方に入れ、伯耆を経由して再び出雲を奪回しようと考えた。かくして因幡戦線は展開されたが、これも出雲戦線と同じく、当初は旭日昇天の勢いであったが、次第に毛利の大軍に圧迫され、天正三年（一五七五）八月二十九日私部《きさいち》城も落城し、尼子無二の忠臣といわれた森脇市正久仍《ひさより》（神西元通の妻の弟）さえも、毛利に降参するという破目になり、遂に因幡最後の拠点であった若桜《わかさ》鬼ヶ城も放棄して、再び京都に遁走《とんそう》せざるを得ない運命となった。すでに老境に達していた元通も同憂の列であった。

播洲佐用郡にある上月城はしばしば落城を繰り返した。最初は天正五年（一五七七）十二月三日、城将赤松藏人政範が豊臣秀吉に攻められ、二人の姫を刺殺し自刃して落城した。十二月六日秀吉が姫路に凱旋すると、その留守中、上月城は宇喜多直家の武将眞壁彦九郎によって奪取されたが、山中幸盛が眞壁を討って再び入城した。天正六年（一五七八）二月、山中幸盛が一旦上月城より姫路に引きあげると、その留守を狙って宇喜多直家は上月城の奪回をはかり、上月十郎景貞に命じて入城させた。よって再びこれを奪回するため、三月になると秀吉は姫路を発して佐用郡に入り、上月城を攻撃して上月十郎以下を殺すと、そのあとへ山中幸盛主従に命じてこれを守備させたが、四月十八日には毛利軍によって包囲された。しかるに六月二十八日、秀吉は作戦の変更によって高倉山より撤退したので、上月城は孤城落日の運命に立ち到り、遂に七月三日毛利軍によって落城させられることとなった。

天正六年（一五七八）七月二日、元通は主君勝久に先んじ城の尾崎（突端）に出て腹を切ろうと決心した。元通の妻も夫と共に自決せんことを願い出たが元通は、

「戦国の武士が最後まで妻を連れていたと言われては武名にも拘《かかわ》る。生き永らえてわが菩提を弔えばそれで足りる。」

と言って許さなかった。元通はかつて尼子に仕え、足軽大将まで勤めていた。永禄八年（一五六五）一族郎党の身の上も考え、一旦は毛利に降ったものの、尼子

に対する旧恩忘れ難く、永禄十二年（一五六九）には同役中原善左衛門を斬って尼子に復帰した。この時すでに尼子と一蓮托生の覚悟は十分出来ていた筈である。それに彼は尼子復興軍中の最年長者でもあり、教養も高くまた能筆家でもあった。城が落城すれば、今更何の面目があって再び毛利に降参する事が出来よう。この儘生き永らえても、老齢の身として前途は程が見えている。屑《いさぎよ》く切腹して我が武士道を全うしようとしたのは、教養ある元通の当然の覚悟であったであろう。城の尾崎というのは城の突端で、包囲軍が一目に見得る恰好の場所である。神西がこの場所を選んだのは、包囲軍がその自殺を見届けるによく、一つには毛利に背いた自責もあり、二つには籠城兵に抵抗の意志のない表示にもなった。神西にとってこれこそわが武士道を全うする快心の最期であったに違いない。

　包囲軍環視《かんし》の中にあって徐《おもむ》ろに諸肌《もろはだ》脱いだ元通は、日頃嗜《たしな》んでいた曲舞《くませい》の「鐘馗」を口ずさんだ。

　　朝露の花の上なる露よりも
　　はかなきものはかげろふの
　　あるかなきかの心地して
　　世を秋風のうち靡き
　　……………………
　　あはれなりける人界を
　　今こそ離れ果てにけり

唄い終ると腹十文字に掻き切って六十余年の生涯を閉じた。

　神西の妻は夫の死後都にのぼり、出雲の国白潟の生まれ松尾の勾当《こうとう》という女と共に草庵をつらね、ひたすら夫の後世を弔っていた。この勾当の知人に不破将監という信長の近習がいた。勾当の宿を尋ねて来た時、不図垣間《かいま》越しに元通の妻を見て、その立派な人柄に痛く心を動かし、是非自分の妻にと所望した。素より元通の妻は二夫にまみえる気持はなかったので固く断ったが、将監の心は少しも変らない。そこで神西の妻は、

「この上は一ときも早く夫の許に行くよりほかに道はない。」

と考え、

　思川沈む水屑《みくず》も浮む瀬を
　　御のりの舟にかけて頼まん

という辞世をのこし、身を投げて死んでしまった。元通といいその妻といい、乱世を生き抜いて波乱の一生を送ったその末路は、共に爽かに筋を通して行ったもので、尼子哀史の最後を飾る夫婦愛の散花であった。

## 真木上野介朝親【まき-こうずけのすけ-ともちか】

生没年不詳

真木氏については真木隠岐守・真木上野介・真木宗（惣）右衛門・馬木彦右衛門・真木与一・真木与三右衛門等の人物が陰徳太平記、雲陽軍実記の中に散見される。これ等各人も系列については真偽は別として次のように纏めてあるのもある。

- 十一代 真木隠岐守弾正忠時
  - 彦右衛門
  - 女晴姫（尼子清定妻）
  - 十二代 真木上野介朝親
    - 十三代 真木惣右衛門高純 ― 与一（布部中山にて戦死）
    - 与三右衛門
  - 岸左馬之進

これによって見れば、真木十一代真木隠岐守弾正忠時の子が真木上野介朝親であり、その姉晴姫は尼子民部少輔清定（貞）の妻で、経久・義勝（久幸）の母である。また真木上野介朝親の長子が十三代真木惣（宗）右衛門高純、その弟が与三右衛門で、高純の子が与一ということになっている。

文明十六年（一四八四）三月十七日、清定（貞）は時の出雲守護京極政高によって守護代の任を解かれ富田から追放された。その後、清定の消息は不明となったが、その子経久・義勝の兄弟は密かに真木に隠棲して、真木上野介朝親の庇護を受けた。そして二年後、即ち文明十八年（一四八六）一月一日、尼子経久は山中党十七人、譜代恩顧の郎党五十七人、賀麻《がもう》（蒲生）の一類七十人を語らい、塩冶掃部《かもん》介を滅ぼして富田城を奪回した。その中に真木上野介朝親も加えられていたのである。

真木上野介の弟に岸左馬之進がいた。永禄五年（一五六二）毛利元就が洗合に本陣を構え、富田城攻略の長期戦に備えると、元就に誼《よしみ》を結ぶ尼子の旧臣たちが続出する傾向となり、永禄六年になると、意東の福良《ふくら》城主佐久間入道もまた尼子に背いて洗合に内通するに至った。意東福良城は京羅木山（四七三メートル）の西麓にあり、京羅木防衛の重要地点であった。京羅木山は高さ月山の二倍半ある西方の向かい城で、ここを占拠されると月山は兵糧攻めになる懼《おそ》れが多分にあった。これを恐れた城将義久は、秋上庵介久家を大将として福良城を攻めさせた。その時その配下に、弓の名人岸左馬進（真木上野介朝親の弟）がいた。左馬進は藪陰にかくれ、佐久間入道の近づくのをうかがい、一矢で佐久間の胸板を貫き、その首をあげた。兄真木上野介朝親は本田孫四郎の伝授を受け、弓道の奥儀を極めた熟練者だったが、その弟であった岸左馬之進もかような弓の名人だったと雲陽軍実記には書いてある。

永禄九年（一五六六）十一月二十八日富田城落城後、尼子義久三兄弟に随行して杵築までくだった尼子の家臣六十九人中に、真木宗右衛門と与一の名が出ている。この真木宗右衛門は恐らく真木上野介朝親の子宗右衛門高純であろう。義久三兄弟は此処で家臣と訣別し、安芸へ連行される事となった。その時お付きの従者が選定されたが、義久お付きは大西十兵衛・宇山右京亮・立原備前守・本田豊前守・同与次郎・大西新四郎（十兵衛嫡子）・馬木彦右衛門（真木上野介朝親の兄）・力石兵庫助・福頼四郎右衛門・本田太郎左衛門・真野甚四郎・高尾宗五郎・大塚助五郎等があり、倫久お付きの従者には、多賀勘兵衛・長谷川小次郎・山崎宗右衛門、秀久お付きの従者は、津森四郎次郎・松浦治部丞・松井助右衛門等であった。これ等の人々は永久に郷里と訣別し、再び懐かしい郷土を踏むことは出来なかったのである。

元亀元年（一五七〇）二月十四日布部中山合戦の時、

真木与一は宇波土居城から駆けつけて参戦したが、同日午後乱戦に及んだ時討死した。当日尼子方で名ある人々で戦死したのは、横道兵庫介政光・真木与一・隠岐清実（隠岐為清弟）・目黒左近右衛門等で、これによって尼子の再興軍の出雲戦線はほとんど運命を決した状態となった。その真木与一は真木上野介朝親の孫であったのである。

## 熊谷新右衛門【くまたに・しんえもん】

生没年不詳

尼子分限帳に熊谷新右衛門は惣侍衆二十五名中の一人として、美作之内四千石と記されている。新右衛門は数多い尼子武士の中でも特に豪勇の士で、尼子三傑として山中鹿介・立原源太兵衛と共に並び称せられた。陰徳太平記や雲陽軍実記などにもその逸話が載せられている。

その一つは新宮党に対する抵抗である。新宮党の首領国久の嫡男誠久《さねひさ》は特に豪勇で、その権力を誇示し、他の尼子武士を蔑視《べっし》する所業さえも少なくなかった。中井平三兵衛や末次讃岐守等に対する所業がその例である。（尼子誠久参照）新宮党館は新宮谷の北谷にあり、（新宮党は中間に蟠居《ばんきょ》している丘陵を境に南谷と北谷に分かれている。南谷は山岳に衝き当って行詰まりになっているが、北谷は独松山を越えてその東方にある吉田に通じている。吉田には当時尼子の遊楽街があったと言われていた）そこは吉田に通ずる天下の公道で、人の往来も多かった。ところが館前には立札があり、「館前目の届く限り乗馬無用」と誌されてあった。当時尼子の下馬札《ふだ》は富田城より三キロも北方に離れている能義神社附近にあったと言われていた位だから、尼子の一族として権勢比類なき新宮党館前の制札と言えば、誰一人としてこれに対する不平を言う者はなかった。しかし尼子武士中その右に出ずる者のなかった硬骨漢の新右衛門にとっては、誠久の人もなげな平生の行動が癪に障っていたのである。

或日熊谷は牛の背に馬の鞍を置き、これ見よがしに館の前に差し掛って来た。見咎《とが》めた誠久は大いに怒り、

「ひっ捕えて厳しく糾明《きゅうめい》せよ。」

と命じた。駆けよった家来は、

「如何に熊谷殿、式部大輔様のお館前は下馬すること遠近に拘らず誰一人として知らぬ者はない。早々に下馬されればよし、さもなければ誠久様のお怒りに触れるであろう。」

と詰めよった。熊谷は大口あけてからからと笑い、

「制札の事はよく心得ている。だから自分は馬には乗らず牛に乗っているのだ。それでも文句があるなら何時でも相手になろう。」

と言葉荒々しく言い放ち、小縄をもって巻きつけた三尺八寸の太刀の柄を握り、大の目をかっと見開き睨みつけたので、流石新宮党の家来達も応酬の言葉を失い、引きさがらざるを得なかった。新宮党程の権力にも屈せず、堂々と新宮党を批判した熊谷の胆力には、他の尼子の武士達もまさに溜飲の下がる思いをしたに違いない。

その二は元就に偽装降参をした時の経緯《いきさつ》である、永禄八年（一五六五）頃になると尼子の衰運も目に見えて顕著になり、城内の兵糧も残り少くなったので、洗合《あらいわい》に投降する者が日と共に多くなった。この時新右衛門は原宗兵衛を語らい、二人連れ立って義久に願い出た。

「私共両人が洗合に降参すれば、元就は必ず我々に対面しましょう。その時躍りかかって元就と差し違えましょう。私共が本望を達すれば所領は子供達に賜り度く存じます。」

と申し立てたので義久も感心し、二人の子供を召し出し、五千貫の知行を与える墨付きを賜った。しかしこの偽装降参は、元就の慧眼《けいがん》に見破られて成功しなかったが、これ等にも新右衛の豪胆な気性が現われている。

（吾郷勝久参照）

永禄十二年（一五六九）六月尼子勝久が出雲に進入した時、新右衛門もこれに参加し、各地に転戦したが、終始尼子に忠誠を尽し、毛利に降参することはなかった。その末路については詳細な資料に乏しい。

# 隠岐為清【おき-ためきよ】

生年不詳―永禄十二年（一五六九）

出雲の初代守護は近江源氏佐々木秀義の五男五郎義清（一説四郎高綱）である。義清の長男政義は出家したので、二男泰清があとを継いだ。ところがその子の時代になって、出雲・隠岐は分割統治されるようになった。長男義重は佐々木隠岐太郎左衛門と呼ばれ当然家督を継ぐべきであったが、遁世してその子重泰は馬田氏の祖となり、二男時清（一本晴清）は隠岐を統治して隠岐氏となり、三男頼泰が佐々木三郎出雲守となって出雲を統治したが、塩冶に住していたのでその子頼泰は塩冶氏となり、頼泰の弟頼清は湯氏の祖となりまた佐世氏の祖ともなった。隠岐為清の裔であったのである。

永禄十二年（一五六九）六月二十三日、尼子勝久は島根郡千酌に上陸、忠山に拠って檄を飛ばした。この時尼子恩顧の武士たちは続々これに呼応した。その時大森銀山にいた吉田孫左衛門も尼子に心を通じていたので、尼子方としては彼を毛利に討たせてはならなかった。よって山中・立原・横道等は二千余騎をひきつれ、神門郡と飯石郡の境まで進出して、毛利の大将小田助右衛門と戦うこととなった。勝久が出雲に進入してからの緒戦で、これを「原手郡の戦」といった。この時隠岐守為清は隠岐から駆けつけ、米原平内兵衛は高瀬城から参戦し、当初はむしろ観望の姿勢であったが、尼子軍優勢なりと見ると、尼子軍に味方したので、毛利の大将小田助右衛門も遂に討死し、尼子軍の大勝となった。

隠岐為清には隠岐三郎五郎清実という弟があった。清実も原手郡の戦には参戦したが、為清の如き日和見的な態度ではなく、最初から忠実に尼子方の味方をしていた。論功行賞の結果が発表されると、為清の予想とは反し、自分よりも弟清実の方が厚遇されていたのである。為清の不平は一挙に爆発し、遂に美保関において尼子に叛乱することとなった。

これを聞いた山中・立原等は大いに驚き、

「同姓に背いて異姓を助けるとはまさに言語同断」と取るものも取り敢えず、小舟に分乗して美保関へ押し渡り、二百五十人が一団となって敵陣へ攻めこんだが、多勢に無勢難戦であった。幸盛が美保関明神の境内まで来ると、隠岐の勇将中畑藤左衛門とその弟忠兵衛が幸盛をおっとり囲んだ。その時幸盛の打ちおろした大太刀は烈しく神社の石段を打ちつけ、二つに折れてしまった。この隙を見て忠兵衛の繰り出す大身《おおみ》の槍は危く幸盛を田楽刺しにするところであった。ひらりと体をかわした幸盛は、そのまま山中深く逃げて行った。一足後れて馳せつけた横道兵庫介高光、その弟権允高宗、松田兵部少輔誠保等は、勝ち誇って油断をしていた隠岐勢を追い散らし、捕虜として大根島へ封じこめてしまった。負けた隠岐為清は、

「部下四百人の一命をお助け頂けば、私は切腹してお詫び致しましょう。」

と願い出たので、勝久はこれを許し、大根島に封じ込められていた隠岐勢はそれぞれ隠岐へ送りとどけ、隠岐は為清の弟三郎五郎清実（一本清家）に宛てがう事となった。

清家は元亀元年（一五七〇）二月十四日、布部山の合戦に尼子方として従軍し、奮戦して戦死したと雲陽軍実記には誌されているが、横山正克氏の『尼子氏一門のルーツ』には、隠岐清実（一本清家）として次のように述べられている。「清実は為清の弟である。為清が死んでから隠岐の国を治めていたが、兄の子経家に家を継がせようと思い、わが実子甚五郎は元春のいる新庄へ人質に出し、経家をわが養子として隠岐氏を継がせていたが、後経家から攻められて自殺した。」経家は自分が織田氏に通じていることを感づかれた為、清実を殺したが、これも後清実の子甚五郎によって殺されることになる。天文九年（一五四〇）竹生島奉加帳の中には隠岐五郎右衛門尉の名が残っている。

# 森脇市正久仍【もりわき・いちのかみ・ひさより】

生年不詳―元和二年（一六一六）

尼子分限帳に森脇市正は中老衆六人の一人として、播磨の内二万八千七百八十五石と出ている。また岩国徴古館の文書によると、森脇久仍《ひさより》の頃に、東市正・孫三郎・三郎兵衛ともいう。足鹿《あしか》入道森脇山城守清久の子で、尼子に仕え中老となり、播州の内二万八千七百八十五石を領す。因州私部《きさいち》城主となる。尼子七騎の内なり。手勢三百余をもって雲州大野陣に阿部八郎左衛門を討ち、晴久・義久の感状あり（このいくさ資料不足、詳細不明）。永禄十年（一五六七）九月随浪院（元春）様客分として召され、百五十石下さると出ている。

この記事によって見ると、森脇久仍は永禄九年富田城落城前、すでに毛利に降参していたものかも知れない。落城後義久三兄弟が杵築まで引行された時、お伴した人々の中に森脇市正の名は見あたらず、また尼子家臣記による尼子滅亡当時の家臣名中にもその名は出ていない。矢張り岩国徴古館の文書の如く、死んだのは元和二年（一六一六）十一月九日、室は宇山飛騨守の女、後室は力石兵庫介の女、これは九月十一日死去とあるから、恐らくこれも元和二年のことで、久仍よりも二カ月ばかり先に死んだものと思われる。

陰徳太平記などの記事を参照して久仍の行動を拾いあげてみると次のようである。久仍は一時毛利に降っていたが、永禄十二年（一五六九）六月勝久出雲進入後、再び尼子に味方し、布部要害山を占拠していたものの如くである。元亀（一五七〇）元年二月十四日の布部山の激戦は、まさしく尼子毛利の運命を賭けた激戦で、その戦において布部要害山の占める任務は極めて重要であった。山上からは布部盆地が一望のもとに見渡され、当日の戦況を監視する絶好の地点であったからである。恰かもそれは天正十四年（一五八六）六月十四日、山崎合戦に秀吉と光秀が占拠を争った天王山に似ている。森脇市正はその要害山に立て籠っていた。しかるに当日の兵力は、毛利軍一万四千と号したのに比べ、尼子軍はその半分にも足りなかった。よって周囲の山々には尼子の軍旗四つ目の旗を靡かせ、擬装する苦肉の策をとらざるを得なかった。当日山中鹿介は布部中山の水谷口を擁する根尾《ねを》河原に陣を布いて、対面する飯田《いいだ》原から進攻する毛利軍の主力、吉川元春勢を阻止する陣列を布いていたが兵力が足りない。よって根尾河原の右側に聳立している要害山の久仍に、山をおりて山中軍に協力するよう再三に亘って要請したので、久仍はそれを諒としこれに合流した。布部中山に通ずるには幸盛の死守していた水谷口のほかに、北方に中山口というのがあり、これは横道兵庫介が大将となって、大田圃より進攻する小早川隆景軍に対抗していた。地の利を得ていた尼子軍は、当初有利に戦を展開していたが、元春軍の別動隊が北方より迂回して、中山の頂上にあった尼子本陣地を急襲したので形勢は一変し、尼子軍の大惨敗となった。尼子の諸将はそれぞれ退路を求めて四散し、久仍も遂に要害山を放棄せざるを得なくなった。

かくして尼子の出雲戦線における復興戦は事遂にならず、天正二年（一五七四）以後、戦線は因幡に移っていった。因幡戦線も当初は尼子に有利に展開、旭日昇天の勢いを示したが、元春・隆景の着到後、因幡の守護山名豊国の離反等もあって、因幡戦線も一年九カ月で尼子の敗退となった。天正元年（一五七三）十月吉川元春は将兵七千を率い、富田城を発して因幡を平定、八頭郡私部《きさいち》城は大坪一之《かずゆき》に牛尾大蔵左衛門をそえて守らせ、気高郡鹿野城へは野村士悦をいれて因幡に備えさせ、天正二年（一五七四）正月三日富田に帰城した。尼子軍は城将大坪一之が安芸へ出向している留守をねらい、副将牛尾大蔵左衛門の頑強な抵抗を退けて私部城を落とし、森脇市正が入城して守備していた。

吉川元春・小早川隆景が富田城を発し鳥取に着陣したのは、天正三年（一五七五）九月二日であったが、三日には早くも私部城へ攻めよせて来た。市正以下厳しく城を守っていたが、何しろ毛利は大軍である。それに因幡の守護山名豊国も変心して毛利に味方したので、城内は次第に難色が色濃くなってきた。頃は九月の半ばで天高く澄み、野山は一面の紅葉となり、おりおり時雨のすぎる風情もひとしおであった。市正は、

「寄せ手の方々しばらく弓・鉄砲をとどめ給え、おなぐさみに一句奉ろう。」

と声高らかに、

山ははやかつ色見する時雨かな

というと、元春の家臣香川兵部大夫春継はさっそく、

あきの嵐に落つる朝露

と返した。市正の句は城内の勝利をほのめかしているものであったが、春継の句は安芸（秋）の威風によって城内が早晩落ちることをたとえたものであった。こうした短連歌は源義家が安倍貞任と戦った前九年の役にも、義家が「衣のたてはほころびにけり」と言ったのに対し、「年を経し糸の乱れの苦しさに」と返したのと同じである。昔の戦《いくさ》は悪態雑言《ぞうごん》の口合戦から始まったというが、こうした風流の一面もあったのである。特に久仍は一度は毛利に降参した身であり、毛利方にも知人がいた。兵部大夫春継は年頃紹巴《しょうは》を師とし、俳諧の道にもすぐれていた。公的には敵味方にわかれていても、私的には「武士は相身互身」という情誼のあったところに、戦国武将の一面があった。

かくして城内の苦しみは日一日と苦しくなり、今は力尽きて森脇市正を始め、横道源介・同権允・牛尾大炊介等一騎当千の武将達も袖を連ねて毛利に降参した。かくして因幡戦線も一年九カ月にして尼子の全面敗北に終った。

森脇久仍の姉は婦徳の高い美人であった。弟久仍の降参を不甲斐ないと思い、残念に思ったが、久仍にはまた久仍の立場もあったと思われる。（神西元通の項参照）

## 吾郷伊賀守勝久【あごう-いがのかみ-かつひさ】

生没年不詳

尼子毛利の合戦中、時勢を冷静に判断してこれに対処し、最後は尼子と運命を共にしながらも、権勢から離れて天命を全うした武将に、赤穴久清の幕賓吾郷伊賀守勝久がいた。

勝久の祖父は吾郷大炊介《おおいのすけ》武利《たけとし》で、天文十一年（一五四二）七月二十七日、大内義隆の部将陶隆房、毛利元就等が赤穴城を大手口より攻めて来た時、大炊介は八十四歳の老齢ながら松原采女《うねめ》と若党八十人ばかりを率い、城外へ討って出で華々しく戦ったが、松原采女もすでに戦死し、その身も数カ所の負傷をしたので、今はこれまでと、

梓弓八十字《やそじ》余りに挽き詰めて
　射ては帰らぬ道にこそ行け

と辞世の一首を読みあげると、四人張りの弓に平箙《ひらえびら》をそえて高々とかかげ、

「この弓は赤穴五代の城主駿河守久清公が愛用されたものを、自分の祖父伯耆守清房が石州吾江《わがえ》の松笠城から、この赤穴城守護のために迎えられた時、領地と感状と共に賜ったものである。わが子伊豆守利朝《としとも》は先日の戦いで負傷し、城内で手当している。倅にこの弓と箙と辞世とを渡してくれ。」

と遺言し、若党二人にそれを持たせて城中へ帰らせると、腹十文字にかき切って自害した。その日赤穴右京亮光清も陶・毛利の大軍を迎え奮戦していたが、陶隆房の軍中から射放った矢に咽喉を射抜かれ戦死した。年五十歳であった。

赤穴救援のために富田から派遣されていた田中三郎左衛門は、光清の父駿河守久清（当時七十三歳）と相談して降伏することとし、その由を使者によって大内方に知らせると、その夜のうちに城内の者三千人をひきつれ、大東を通過して七月二十九日の夕富田に帰城した。

天文二十二年（一五五三）三月末、尼子晴久は美作国高田に着陣、備前国天神山城主浦上帯刀《たてわき》左衛門宗景と戦いこれを破った。この戦いには赤穴勢も参加したが、これに参戦した吾郷伊豆守利朝（武利の子）は、敵と組討ち高股を二カ所刺されて敗戦した。備後国甲《こう》山《やま》城主山内新左衛門隆通の女は尼子興久の妻であった。天文三年（一五三四）興久が父経久との争いに破れ自殺すると、隆通は次第に毛利に傾き始めていた。かねてからこれを不快に思っていた晴久は、遂に山内討伐を決意するに至ったが、赤穴は備後との国境に近かっ

たので、赤穴軍は晴久の先鋒としてこれに参戦したのである。この時、吾郷伊豆守利朝も従軍し、奮戦したが負傷したので、赤穴に帰り療養していたが癒えず、遂に死んでしまった。天文二十二年（一五五三）十一月八日であった。この伊豆守利朝の長男が吾郷伊賀守勝久であり、二男が吾郷美濃守勝秀である。

弘治三年（一五五七）毛利元就は周防・長門両国を平定し終ったので、愈々尼子と対決するため、翌永禄元年石見に進入、一月には益田越中守藤包《ふじかね》も毛利に降参したが、石見国川本の温湯《ぬくゆ》城主小笠原長雄《ながかつ》や大森銀山山吹城の本城常光等は、まだ尼子方として勢力を保っていた。吉川元春はまずこれを征伐しようと、永禄二年（一五五九）二月芸州新庄を出馬、出羽、福屋、杉原等をひきつれて石州へ進入して来た。（尼子・毛利の実質的な戦争は、永禄二年より開始されているので、富田籠城七年と言われるのはこの年から起算した年数である。）

この頃赤穴六代城主美作守久清は、天文二十二年（一五五三）八十三歳ですでに死んでおり、その子光清は天文十一年（一五四二）大内義興出雲進入の時五十歳で戦死していたので、光清の三男盛清が祖父右京亮久清の名をついで、右京亮久清となのっていた。その久清は幕賓吾郷伊賀守勝久並びにその弟美濃守勝秀を従え、小笠原・本城救援のため出陣、吉川軍と各地に於て戦ったが、豪敵元春に抵抗することは困難であった。

この時吾郷伊賀守兄弟は、小笠原家の家臣寺本玄蕃允・河辺讃岐守等五百人が守備している日和城（邑南町）に入り、城兵と力をあわせ厳重にこれを守備していた。永禄三年（一五六〇）三月六日、大森銀山山吹城から毛利の将刺鹿《さつか》、山県七郎の両人が日和城へ攻めて来た時、伊賀守勝久は奮戦して敵将山県七郎を討ち取った。赤穴光清は大いに喜び、

「わが初陣に敵将を討ち取ったことは、亡き父光清公（天文十一年討死）も定めて地下で喜んでおられる事であろう。」

と感状を贈った。三月の終り頃になると、毛利の将杉原播磨守盛重が攻めて来たが、到底力攻することが困

難だと見ると、小笠原の家臣寺本玄蕃允を懐柔し、河辺讃岐守と吾郷兄弟に対し和解話を持ちかけて来た。その時吾郷兄弟は、

「各々方は小笠原家の人だからそれでよかろうが、我等兄弟は赤穴譜代の幕賓である。今更尼子を見捨てて毛利につく事は出来ない。」

といって日和城を退出した。

永禄五年（一五六二）十月、元就は出雲に進入してまず赤穴城を攻撃した。その時森田左衛門と烏田権兵衛の二人は徹底抗戦を主張したが、吾郷伊賀守は情勢を判断して降伏をすすめたので、右京亮久清も開城に踏みきり、赤穴は危難を免れ、その社稷《しゃしょく》を維持することが出来た。（赤穴久清の項参照）

伊賀守勝久は文武両道に勝れていたが、特に文道にすぐれ、儒書や兵書にも通暁していたので、元就も勝久を招き出雲平定の方策などについても質問することがあったので、勝久は卜筮《ぼくぜい》を卜《うらな》って進言した。元就はその説に従い進んで洗合に陣地を構え、長期戦の態勢を整えていたが、永禄八年（一五六五）二月には輝元（十三歳）・元長（十八歳）の二孫も、洗合陣地に祖父を訪ねてやって来たので、元就も大いに喜び、永禄八年（一五六五）四月十七日を期して富田城を三面から攻撃することとなった。所謂富田城三面攻撃であるが、これは成功しなかった。

その頃尼子の群臣に熊谷《くまたに》新右衛門という大豪の勇者がいた。自分の居城熊谷山城（三刀屋）にいて、洗合に搬入する備後・安芸・石見方面の兵糧を横どりしていた。元就は大いに怒って熊谷山を攻め落とし、市川経好・小川勝久両名に命じて守備させ、糧道を確保させていた。新右衛門はこれを奪回しようと考えたが、三刀屋・三沢の挟撃を受けては、たとえ取り返しても守り通すことは困難であると考えた。いっそ元就に近づき、一刀のもとに成敗してくれようと、親友原宗右衛門と相談し、その機会を伺っていた。その頃吾郷伊賀守兄弟は、赤穴右京亮久清の名代《みょうだい》として洗合に来ていたので、これに頼んで降参の申し入れをした。

当日元就は降人の一人一人について、姓名・知行・格式など仔細に尋問して記録させた。しかるに熊谷・

原の両人は地位・格式が他の者より遥かに低かったのにも拘らず、元就に最も近い上座に坐っており、また元就よりお盃を頂戴した時、他の降人十八人の者とは違い容貌・態度ただならざるものが見受けられた。一同が退出すると元就は直ちに児玉・赤川の両名を呼び、熊谷・原の両名を捕え、厳しく糾問《きゅうもん》せよと命じた。この時両人は洗合を脱出して富田へ逃走中であった。

これによって吾郷伊賀守は不埒な者を斡旋したかどによって処罰されることとなった。この情報を忍者によって知らされた兄弟は、大庭《おおば》から忌部《いんべ》へまわり、牛尾から毛無峠を越えて山佐に出で、山佐川にそって下り、塩谷口から富田城へはいった。生き残った二百人ばかりは赤穴の直臣だったので、傷の養生をさせて赤穴へ帰し、赤穴右京亮には書面で事情を報告し、

「自分が赤穴へ帰ると、あらぬ疑いをかけられ、御迷惑をかけることになりますので、富田にとどまります。」

と書きそえた。

富田落城後、吾郷兄弟は富田城から退散した。後信長に召し抱えられようとしたが、二君に仕えるのは不義になると言って隠遁したと雲陽軍実記には誌してあり、著者河本大八も「一陣の清風に胸襟の洗われる思いがする。」と激賞している。恐らく晩年は世俗を離れて悠々自適の生活に入り、天命を全うしてこの世を去ったものと思われる。

## 吉田八郎左衛門義金【よしだ-はちろうざえもん-よしかね】

生年不詳―元亀二年(一五七一)

不運な最後に終った尼子武士の一例に、吉田八郎左衛門義金の場合もある。元来吉田氏は近江源氏の流れである。佐々木源三秀義の長男定綱は京極氏の祖となり、更に尼子氏に続いて行った。五男義清の後裔は塩谷高貞となったが、六男厳秀は佐々木六郎と言い、出雲国吉田に住していたので、吉田六郎とも言った。これが出雲に於ける吉田氏の祖で、厳秀の四男は吉田四

郎左衛門泰秀と言って吉田荘の地頭職であった。

興国二年（一三四一）四月、塩冶高貞は高師直に讒言せられ、出雲に逃げ帰り、宍道白石《はくいし》で自害して果てた。かくして出雲の守護は興国四年（一三四三）、佐々木佐渡法眼道誉（高氏）と交替され、吉田厳秀の孫厳覚（秀長・一本秀仲）が高氏の守護代となって富田に入城した。

正平七年（一三五二）佐々木高氏と山名時氏との間には確執を生じ、時氏は吉田厳覚を追放して出雲の守護となったが、その孫満幸の代（当時の守護代は塩冶駿河守師高である）になると、叔父山名氏清と共に将軍足利義満に反し（いわゆる明徳の乱）、敗れて遂に殺された。この時功績のあったのが京極高詮で、高詮は出雲の守護となり、守護代として尼子持久を選び富田城に入らしめた。

この頃から出雲に残っていた吉田の一族は、尼子氏に臣従するに至った。竹生島奉加帳の中には吉田兵庫助の名が出ており、永禄八年（一五六五）四月十七日元就富田城三面攻撃の際、吉田八郎左衛門はお子守口の第一線に於て活躍し、永禄九年（一五六六）富田城が落城して義久三兄弟が杵築に連行される時、随行した六十九人の家来の中に吉田八郎右衛門、吉田三郎右衛門兄弟の名も見えているので、彼等兄弟は富田城の最後までその節を枉《ま》げなかった。更に永禄十二年（一五六九）尼子復興戦の謀議の中心となったのは、山中幸盛・立原久綱等であるが、吉田八郎左衛門義金・眞木宗右衛門高純等の人々も重要なメンバーであった。永禄十二年（一五六九）勝久が出雲に入国すると、八郎右衛門・三郎右衛門の兄弟は美作方面では三浦・牧・齋藤等を説得して味方することを約させ、また備前では宇喜多直家や赤松の浪人を語らい、尾高城主行松左兵衛尉正盛、石州では福屋式部少輔隆包《たかかね》等も誼を通じさせるに至っていた。かように吉田八郎左衛門・三郎左衛門の兄弟は尼子復興に尽力していたのである。

しかるに元亀二年（一五七一）（一年五月説もある）勝久が新山に立て籠り苦戦していた頃、秋上三郎左衛門綱平、その嫡子庵介久家が毛利の将野村信濃守の斡旋によって投降した時、吉田八郎左衛門もこれに一味

していう疑いによって、遂に八郎左衛門は誅戮《ちゅうりく》される
に至った。幸いにして弟の三郎左衛門は難を逃れ、天正六年（一五七八）上月城籠城まで勝久と運命を共にし、上月城において杉原盛重の仕掛けた台無し鉄砲によって討死した。天正六年（一五七八）五月十四日であった。

吉田八郎左衛門の兄は吉田左京亮と言い、その長男を源四郎と言った。左京亮は毛利の将三村家親によって討たれたので、その子の源四郎は左京亮の家来であった福山肥後守が後見となり、日野郡にある大江の城に立て籠っていた。これは富田城落城前のことである。大江の城は毛利の将三村家親・香川光景等によって攻められ、遂に落城したので、源四郎は富田城内に逃げて行った。その時源四郎の叔父にあたる吉田八郎左衛門とその弟三郎左衛門は、

「源四郎はまだ幼年のことであるから、今のうちに毛利に降参させ吉田家の家系を継がせよう」

と考え、毛利に降参させておいたのである。源四郎は長じてから杉原盛重の女を娶り、吉田肥前守元重となのり、尾高城に拠ってその子孫は後に残った。富田城落城前にこうした経緯があったので、秋上父子が毛利に降参した時、八郎左衛門があらぬ噂を立てられたのも、またやむを得なかったかも知れない。永禄九年一月一日には宇山飛騨守が義久から疑われ、身の潔白をたてる為に潔く自決した。秋上父子が毛利に降参した元亀二年頃は勝久にとっては危機の絶頂で、風聲鶴唳《かくれい》に驚くのもまた無理からぬものがあった。すべては衰運に向かうものにとって逃れることの出来ない宿命であったかも知れない。

# 平野又右衛門久利【ひらの・またえもん・ひさとし】

生年不詳―永禄八年（一五六五）

尼子分限帳中に平野又右衛門は御手廻り衆として、出雲の国で一万八千石を領したと出ている。久利は永

正七年（一五一〇）九月、安芸の国境山麓で初陣の際、一番槍の功名を立ててから、尼子武士の中でも特に武勇の誉れが高かった。天文十年（一五四一）一月尼子晴久は毛利元就を安芸吉田郡山に討って大敗したが、天文十二年（一五四三）五月には出雲に来攻した大内義隆を富田城下に破り、その余勢を駆って頻りに失地の回復に努めた。天文十三年（一五四四）七月には新宮党の国久・誠久・敬久を大将とし、亀井秀綱・牛尾幸清・平野又右衛門等七千は、備後に入って府野（三次市）の比恵尾《ひえび》城主三吉広隆を攻め、七月二十八日毛利軍の福原貞俊・兒玉就忠を破って大勝した。所謂「府野くづれ」である。その後毛利軍は厳しく反撃して来たので、尼子軍の安芸進入はそれ以来は成功しなかった。白鹿城の攻防は永禄六年（一五六三）八月十三日から総攻撃が始まった。城将は松田誠保であったが、尼子の武将牛尾久清・平野又右衛門の率いる八百の兵士が天険の要地に拠って守備を厳重にしていたので、流石の毛利勢も攻めあぐみ、いよいよ落城したのは九月二十九日であった。尼子軍の死闘が想像される。この時人質の交換を行ったが、城中から出たのは平野又右衛門であり、元就が城内へ送ったのは小早川隆景の臣井上春忠であった。城将松田誠保は隠岐に逃れ、牛尾久清以下籠城兵はその生命を助けられて、悉く富田に送還されたのである。その時城将松田誠保の母は晴久の姉であった関係上、いさぎよく自害して果てたのは有名である。

永禄八年（一五六五）四月十七日、毛利元就は富田城三面攻撃を開始した。第一軍は輝元を先鋒に元就これに続いて、城将義久の守備していたお子守口（富田城西方入口）に向かい、第二軍は元春が先鋒となって、尼子倫久《ともひさ》・山中幸盛・立原久綱等の守っている塩谷口に向かい、第三軍は隆景が先鋒となり米原綱寛・杉原盛重等が従って、尼子秀久の守っている菅谷口に向かった。この時塩谷口では、倫久の部将森脇市正・平野又右衛門・大西十兵衛・立原久綱等が烈しく左右の山から攻撃したので、毛利軍は三面ともこれを突破することは出来ず、元就は四月二十八日一旦洗合の本営に帰着することにした。

永禄八年（一五六五）の秋になると、毛利は日に日に勢いが盛んになったのに反し、尼子は譜代の家の子郎党まで洗合に降参する様になったので、かくては富田城を守ることさえ困難になって来た。義久は平野又右衛門久利を呼び出し、

「汝はこれより美作へ出かけ、小田草の斎藤玄蕃に当家に味方するよう伝えてみよ。彼は当家へ味方する義理もあるから、或は承知するかも知れない。」

と言った。久利はこれを聞き、今度の使者では到底生還の出来ない事を悟ったが、不遇に立っている主命にそむく事の不忠と考え、一死を覚悟し、主従四人富田を忍び出で、美作に向けて出発した。程なく小田草へ着いたので城下に宿を借り、家来一人を斎藤の館に赴むかせて申し入れると、斎藤は、

「今夜は夜もふけたので、明朝対面の上でお話しましょう。」

という返事、これを聞いて久利は別に驚かず、

「案の通り、斎藤は人数を狩り集めて我を討たんとする考えであろう。」

と、主従四人夜のあけるを待って斎藤屋形に赴き、二の丸を過ぎ本丸の門前まで来ると、武装した兵士二百人あまりが待ち構えていた。久利は少しも騒がず、

「自分が命を的に戦ったら、其許《そこもと》等別に驚くに足りない。それではその仔細がわからず、富田の者等が不審に思うであろう。国許へ事情を書き認めたら、いさぎよく自害しよう。」

と書面を書き終え腹かき切って死んだ。これを見た家来二人も差し違えて主の後を追った。

「他国に使して君命を恥かしめず」という立派な最後であった。

　平野加兵衛久基は平野又右衛門久利の子である。尼子勝久は永禄十二年（一五六九）六月二十三日、島根郡千酌に上陸、最初のうちは旭日昇天の勢いを示したが、元亀元年（一五七〇）二月十四日布部山合戦に大敗してからは、諸方の合戦に一度も勝利を納めることが出来なかったので、非常に力を落していた久基は、

「この際、尼子の退勢を取りかえさなくては新山の運命も危くなる。」

と考えたので、元亀二年（一五七一）二月七日手勢三百余騎をひきつれ、伯耆国尾高の麓にある浄満原《じょうまん》へ夜討をしかけた。その時のいきさつを陰徳太平記には次のように誌している。尾高城主杉原播磨守盛重は七百ばかりで城内から討って出た。盛重の部下に進孫二郎易季《かねすえ》という早業の武士がいた。飛んでいる燕を見て抜打ちにその尾を切って落すほどの腕前であった。また彼の友に谷本勘解由《かげゆ》縄方《ただつね》といって並はずれて肥満した武士がいた。進は谷本に向って、

「貴公は布袋のように太っているが、いざという時早業にかけては拙者に及ばないだろう。」

すると谷本は、

「貴君は拙者と違って羅漢のように痩せているからそんな事を言うが、戦場において実地の働きを見なければ結果は分るものではない。」

と笑っていた。そこへ今度の戦が始った。孫二郎は一番に討って出て敵の首を二つばかり取って帰って谷本に見せた。谷本は一見して、

「そんな虱頭が何になろう。」

と言い捨て、只一人敵の後を慕って行った。

平野久基は百人ばかりいた手勢も大方は討死し、一人になって落ちのびて行こうとすると、そこへ行き当たったのが谷本であった。二人は互いになのりあって火の出る程戦ったが、何しろ平野は今夜の夜戦で疲れ切っていたので、とうとう谷本に討たれてしまった。谷本はその首を孫二郎に示した。孫二郎がこれを見ると、紛れもなく久基の首だったので、改めて驚き、自分の広言を恥じたと言う。かように平野久利・久基親子は、二人とも壮烈な最期をとげたので、尼子の勇者として末永くまで語りつがれた。

## 中井平三兵衛久家【なかい-へいざびょうえい-ひさいえ】

生没年不詳

尼子分限帳に御家老衆四人の中に、中井駿河守美作

之内八万七千石と誌されているのは平三兵衛久家の父である。永禄三年（一五六〇）九月吉日秋上文書寄進状には、駿河守は「綱家」と署名してあるが、これは恐らく父備後守家清の「家」の一字を継いだものであり、多くは「久包《ひさかね》」となっている。この「久」は晴久の偏諱《へんき》を受けたものと思われる。

中井氏の系列を纏めて見ると、中井対馬守秀直—同備後守家清—同駿河守綱家（久包）—同平三兵衛久家であるが、最も活躍したのは久包・久家の親子である。しかし中井氏が尼子氏家老衆の中に加えられるようになったのは、能義郡土一揆指導者の中に、中井対馬守秀直のいた事が関係していたではないかと思われる。

能義郡土一揆の勃発したのは、文明八年（一四七六）四月十四日で、それは守護体制にあきたらない出雲国人の蜂起であった。十四日は庄堺《ざかい》あたりの戦であったが、十六日には上田（植田）・古川（当時この辺は富田川である）に進出、十九日は桜崎、五月二日には三日市、五月十二日に及んで富田城大手門と、一揆は清定軍（当時京極氏の守護代）を破って富田城に肉薄した。一揆の指導者には安来の地頭職松田三河守もあり、その一連として中井対馬守秀直もいた。守護代清定は奮戦して一揆軍が富田城内へ乱入するのを辛うじて防いだが、一揆を全面的に鎮圧することは出来ず、一揆の勢力は富田周辺に燻《くす》ぶり、文明十八年（一四八六）尼子経久富田城奪回まで続いていった。この間はまさに能義郡土一揆占領時代といってもよく、その中に中井対馬守秀直が潜在していた。だから経久が富田城占拠後の家臣団の富田衆の中には土一揆軍の人々もあり、これ等が経久の守護体制打破に何等かの功績があった。中井駿河守もこれ等一揆軍の中の一人である。一揆の指導者であった松田氏は、後尼子と姻戚関係を結び（松田左近将監満久の妻は晴久の姉、松田氏参照）、中井対馬守の孫駿河守久包《ひさかね》は、後尼子の御家老衆の一人として重用されるに至るのである。中井駿河守が尼子四大老の一人として抜擢されたのは、天文二十一年（一五五二）で、この年晴久は将軍義輝より八カ国守護に補任され、修理大夫《だいぶ》に任ぜられた。その時の行賞として駿河守は家老に昇進したのである。

新宮党事変が起こったのはそれより二年後、即ち天文二十三年（一五五四）十一月一日であった。この時平三兵衛久家は晴久の命を奉じ、新宮党征伐の中に加わっていた。平三兵衛久家が尼子の殿中に於て新宮党の誠久から、突然「見苦しき髯《ひげ》の立ち様」といってその美髯《びぜん》をねじ伏せられたのは、天文十八年（一五四九）十月といわれている。（尼子誠久参照）久家が新宮党征伐に加わったのは、日頃の怨念という一身上のことではなく、新宮党の横暴はかねてから憂慮していたからである。

永禄元年（一五五八）七月、尼子晴久は温湯城《ぬくゆ》（川本町）救援のため石州へ発向した。この時平三兵衛久家は父久包と共にこれに従軍、河上《かわのぼり》（江津市）の松山城は落すことが出来たが、江の川を渡ることが出来ず、温湯城主小笠原長雄《ながかつ》も元就に降参したので、空しく富田城に引き揚げる事となった。永禄八年（一五六五）四月十七日、富田城三面攻撃の時には、元就の攻めて来た御子守口の第一陣にいて奮戦し、元就の麾下木原兵部太夫を鉄砲で討ち取り、これを退却させた。永禄九年（一五六六）になると、尼子の大身衆は袂を連ねて洗合に降参し、城内に残っていたのは比較的富有な中井駿河守久包と宇山飛騨守久信位だけとなった。駿河守は自分の米倉に糠《ぬか》俵を積みあげ、食べ物がなくて落ち行くものがあると、「自分の倉にはまだこれだけ米がある我慢せよ」と言ってとめた。この時宇山飛騨守は大塚与三右衛門の讒言によって自殺したが、中井久包は宇山の諫死によって辛くも疑いが晴れ一死を免がれた。落城後、義久が杵築まで連行された時、中井駿河守久包・中井平三兵衛久家は随行者六十九人の中に加わっていたのである。しかし「永禄九年十一月二十八、雲州富田下城迄相屈衆中次第」には晴久様御守中井駿河入道（駿河守久包）伯州法勝寺にて病死、中老駿河入道嫡子平三兵衛尉（久家）伯州にて病死とあるが、その病死の年月日は不明である。一説には島根郡千酌（松江市美保関町）に上陸忠山城によって檄を四方に飛ばした時、平三兵衛久家は大山教悟院僧徒三百と共に、いち早く駆けつけ、出雲切り返しに参加、元亀元年（一五七〇）二月十四日布部中山（安来市広瀬町）の合戦にも参加したとあるから、久包は老齢の事とて杵築退散後病死、久家もその後伯州で病死したものであろう。天正六年（一五七八）三月上月城着到は中井与次郎となっているので、中井平三兵衛久家とは別人である。

駿河守久包並びにその子平三兵衛久家共に、歴戦の勇士であったばかりでなく、富田城落城直前、他の大身衆が袖を連ねて洗合に投降したにも拘らず、よく欠乏に堪え、蜚語《ひご》・流言の中義久の誤解のあったにも拘らず、最後まで節を変えなかったのは尼子武士の面目を全うしたものと言える。

## 亀井新十郎茲矩

【かめい・しんじゅうろう・これのり】

弘治三年（一五五七）―慶長十七年（一六一二）

八束郡玉湯村（松江市玉湯町）湯城の城主湯氏の出自は、近江源氏・佐々木五郎義清の後裔である。即ち義清の子は泰清、泰清の子七郎左衛門尉頼清は玉造湯荘、布志名鎌倉山城主となったので富士名判官と称した。尼子時代になると、その家臣団に連なり、各地で歴戦したが、湯氏の中で最も有名であったのが、信濃守湯惟宗《これむね》である。尼子分限帳には湯氏の名前は見あたらないが、尼子滅亡当時の家臣の中には、湯三郎左衛門尉という名が出ている。

永禄元年（一五五八）二月、吉川元春が元就の命を奉じ新荘を出発して石見に入り、出羽《いずは》に駐屯した時、出羽二つ山城主出羽元実、音明《おとあけ》城主福屋隆兼等は、いち早く元春に投降したが、須佐高矢倉城主本城常光、温湯《ぬくゆ》城主小笠原長雄等は未だ降参せず、元春の進攻に対して激しく抵抗した。この時これが援軍として富田城より駆けつけた晴久の部将には、牛尾幸清・宇山久信等と共に湯惟宗も加わっていた。この戦いは結局尼子方の退敗に終わった。

白鹿城の攻防は永禄六年（一五六三）八月である。この時にも湯惟宗は白鹿救援軍の中に加わって赴いたが、この時も結果は敗走に終わった。永禄八年（一五六五）に至り富田城の兵糧が漸く窮迫を告げるに至ると、牛尾豊前守を始め亀井秀綱・河本隆任・佐世清宗等と共に湯惟宗も毛利に降礼をとるに至った。（陰徳太平記）。その湯惟宗の弟が玉造湯城の城主湯永綱で、その子が新十郎茲矩であった。新十郎は少年の頃から幸盛を敬慕していたし、幸盛もまた同じ血脈に繋がるこの少年に対し、大いなる期待と希望を抱いていた。新十郎は弘治三年（一五五七）湯永綱の長男として生まれ、幸盛は天文十四年（一五四五）三河守満幸の二男として生まれているから、新十郎は幸盛より十二歳の年少であった訳である。

　永禄八年（一五六五）亀井秀綱は毛利に降参したと陰徳太平記には誌してあるが、伯耆史並びに竹内町保存古文書によると、亀井秀綱とその一子清若丸は、杉原播磨守盛重の術策によって、戦に敗れ自殺したので、その遺跡も残っていると誌してある。永禄八年（一五六五）頃、弓ヶ浜を舞台に展開された尼子軍と尾高泉山城主杉原盛重の戦いは、富田城に搬入する食糧の争奪戦だったので、中の海を囲む弓ヶ浜一帯は、富田城にとって兵糧輸送の重要地点であったのである。従ってこれを防衛する尼子の出城が多かった。島根郡には森山城（城主秋上庵介）、森山村字小中村には葛籠《つづら》城（城主足立備中守久信）、字宇井には鈴掛城（城主亀井能登守）、弓浜竹内村には高岡城（城主武良内匠頭）、大篠津村には先白手《さきしらて》城（城主安田左近将監）、本庄には下葉崎《しもはざき》城、安来には十神《とがみ》城などいずれも兵糧輸送確保の為の監視哨であった。永禄八年（一五六五）頃富田城兵糧逼迫にあたり、特に重大任務を帯びている鈴掛城主亀井能登守が、無為のまま富田城内に止まっていたとは思えず、剛敵杉原盛重を向こうにまわし、弓ヶ浜で死闘を展開していたに違いない。よってその頃、亀井秀綱はその子息清若丸と共に盛重との戦いによって、その一生を弓ヶ浜で終わったであろう。かくては名門亀井家はその時点に於いて断絶の運命にあわざるを得ない。よって山中幸盛は秀綱の長女と結婚し、亀井の家名を継いで一時亀井鹿介となのった。これが永禄八年（一五六五）とすると、幸盛は二十一歳であった。その後兄甚太郎幸高は病弱により出家したので、幸盛は山中家を相続する必要に迫られたが、かくては亀井の家系が断絶する。よって新十郎が十九歳になった時、自分の妻の妹をわが養女として新十郎に娶《めあわ》せ、亀井新十郎茲矩となのらせて、亀井家を継がせたのである。

天正六年（一五七八）三月、幸盛は上月城に駐留することを決意したが、茲矩は上月城内には入れず、秀吉の麾下に残しておいた。ここに幸盛の探謀遠慮があった。六月十六日、上月城の戦況が逼迫してきたので、秀吉は単身上洛して信長の指示を受けたが、その時信長は上月城を捨てて三木城攻撃に専念すべしと命じたのである。六月二十四日秀吉は京都を辞し、茲矩を召してこの事情を話した。よって茲矩は六月二十六日秀吉の密使として、高倉山の陣所を抜け出て上月城内に潜入し、「尼子軍は上月城を捨てて秀吉軍と合流し、一時上月城を放棄する」事をすすめたが、かくては尼子軍の犠牲があまりにも大きくなる事を憂えた幸盛は、この申し出には従わなかった。この時すでに幸盛の胸中に重大決意があったに違いない。それは如何にすれば城内の将兵を一兵をも犠牲にせずして退散させるかという事であった。秀吉が高倉山より撤退したのは六月二十八日であり、上月城の落城したのは七月三日であった。ここに茲矩はその義父幸盛と永遠の訣別を告げたのである。

茲矩は羽柴秀吉に仕え、その功によって天正九年（一五八一）因幡鹿野の城主となった。朱印船を建造し南海雄飛の志もあったので、秀吉から琉球守の称号を許されたこともある。秀吉の九州征伐にも参戦し、文禄の役には朝鮮にも渡航した。慶長五年（一六〇〇）関ヶ原の役には東軍に属し、家康の命によって因幡・伯耆を鎮定して三万八千石に封ぜられたが、慶長十七年（一六一二）二月鹿野城内で死んだ。五十六歳であった。

# 毛利元就【もうり・もとなり】

明応六年（一四九四）―元亀二年（一五七一）

毛利元就は明応六年（一四九四）安芸国郡山城で、毛利弘元の二男として生まれた。母は福原広俊の女である。幼名を松寿丸といい、後少輔次郎といった。父の弘元は永正三年（一五〇六）正月、三十九歳の若さで病死したので、兄の興元が十五歳で後をついだが、永正十三年（一五一三）これまた二十四歳で若死したので、兄の長子幸松丸が僅かに二歳でその後嗣となった。

その頃元就は猿懸城《さるかけ》（安芸高田市）にいたが、よく幸松丸を補佐して毛利家の安泰を図った。（武田元繁を滅ぼしたのはこの間である。）また大永三年（一五二三）六月十三日には西条の鏡山城（東広島市）を攻め、僅か二週間足らずでこれを落城させる等、武将として非凡な素質を発揮したが、当時元就はまだ二十一歳の青年であった。鏡山城が陥落して吉田に帰る途中、幸松丸は病気にかかり、七月十五日死んだので、ここに元就は宗家を継ぐ運命にめぐり合わせた。その時一部の反対派は元就の異母弟、元綱を立てようと画策し、尼子の重臣亀井秀綱等もこれに加担したので、元就は元綱を討ち取ると共に、これまで交友関係にあった尼子と絶交し、改めて大内氏と交わりを結ぶこととなった。

この頃中国地方には出雲に尼子、山口に大内の二豪族がいて、常に安芸・備後あたりで衝突を繰り返していた。その間にあって元就が勢力を伸ばすためには、先ず地元である安芸や備後に支配力を持たねばならなかった。また小国が大国に対抗する為には、いきおい知能戦によらねばならなかったので、元就もあらゆる術策を弄したのである。尼子と手を切って大内と結んだのもその一つであり、当時の武将が好んで用いた婚姻政策も巧みにこれを利用した。近くにあった甲立《こうたち》城主宍戸元源《もとよし》の子隆家に自分の女を嫁がせたのもその一例で、隆家は後年毛利氏にとって無二の忠臣となった。三男隆景は小早川家に養子にやり、二男元春は吉川家の養子とした。そのためには三十そこそこの養父吉川興経を隠居させ、揚句の果てにはこれを殺すという非常手段にさえ出ている。また元春の室としては、むしろ醜女といわれた高松城主熊谷信直の女を選んだが、これ等は総て計算された三勢力の統合のための術策であった。果せるかな吉川・小早川は毛利の両川としてよく扶翼の任を全うし、感激した信直もその後しばしば偉功を立ててこれに報いたのである。

元来毛利家は天穂日命《あめのほひ》の裔と言われているが、中興の大江音人《おとんど》は平城天皇の第一皇子阿保親王の御落胤といわれ（父は大枝本主《もとたか》、母は安保親王の後宮）、姓も大《おお》枝《え》から大江《おおえ》に改めた（枝が幹より大きくなると、幹は折れ摧《くじ》ける）学者である。音人八世の孫が匡房《まさふさ》で（八幡太郎義家に軍学を教えたエピソードは有名である。）、匡房の曽孫が広元で、源氏・北条氏時代の元老であった。広元の第三子は左近衛将監季光で、相模の毛利荘を食んでいたので姓を毛利と改めた。季光の孫時親の時、延元元年（一三三六）安芸の吉田庄の地頭となり、以後この地方に勢力を張ってきた。時親十世の孫が弘元で、元就はその二子として生まれたのである。

天文九年（一五四〇）九月、尼子晴久は五万の大軍を率いて安芸に進入した。何分にも兵力の差があり過ぎたので、毛利軍は度々の戦闘に敗れ十一月になると郡山城は尼子軍によって包囲されてしまった。この時大内義隆は陶隆房（のちの晴賢）に一万の兵を与え、郡山城の救援に駆けつけさせたが、尼子軍を撃退するには二カ月あまりもかかった。

尼子・毛利の勝敗を決定づけた戦は、天文十年（一五四一）一月十三日、宮崎・長尾陣の戦いであった。この日元就は城中の精兵三千余人を率つれ、宮崎・長尾の尼子軍に突入し、第一陣の高尾豊前守と戦ってこれを戦死させると、更に第二陣の黒正甚兵衛と戦ってこれも敗走させた。そして後陣に控えていた吉川興経と戦ったが、容易に勝敗がきまらず日が暮れた。この日陶隆房の主力軍は晴久の本営青山三塚山（青山三猪《みつい》山ともある）に強襲を加え、経久の弟尼子久幸（一本義勝ともある）を戦死させた。これによって尼子軍は総崩れとなり、晴久は夜陰に乗じて残兵を集め、寒気と積雪に悩まされながら富田城に敗走した。この大敗走によって晴久の威信はたちまち地に落ち、三沢為清・三刀屋久扶・本城常光・山内隆通・出羽祐盛・吉川経興等の諸将は袂を連ねて尼子氏に背き、あまつさえ義隆出雲遠征には、その先達を仕ろうとさえ申し出て来た。

大内軍出雲遠征のあとを追って見ると、天文十一年（一五四二）一月十二日、義隆は防州山口築山の館を発足、七月十九日元就は先陣として赤穴瀬戸山城を攻め、城将赤穴右京亮は戦死して城は落城した。七月二十九日、大将義隆は赤穴・由来《ゆき》（頓原）から三刀屋に進出、天文十二年（一五四三）一月二十一日宍道の畦地山《うねじ》に着陣、二月十二日には京羅木に陣替、二月十四日元就の手勢は富田城菅谷口《すがたに》蓮地縄手で尼子方と戦った。しかるに四月三十日になると両軍の形勢を観望していた先の出雲の降将三沢・三刀屋以下十三名は、臆面もなく尼子に寝返ったので形勢はたちまち逆転し、五月七日義隆は京羅木の陣を払って敗走、嫡子晴持（義房）は揖屋《いや》沖で溺死した。この時元就は殿軍となって戦ったがこれまた敗走、石見波根まで引き上げて漸く陣容を整え、安芸へ引揚げて行った。かように大内軍の敗戦によって、晴久は頻りに失地を回復して、雲伯はもとより安芸・備後の豪族中には大内氏を見限り、尼子の傘下《さんか》に走る者が少なくなかった。

天文二十年（一五五一）元就にとっては主家である大内家に大変事が起った。陶隆房は主君にあたる大内義隆を攻め殺し（代表的な下剋上）、豊後の大友宗麟（義鎮《よししげ》）の弟晴英《はるひで》を迎えて、名を義長となのらせ大内氏を継がせ、自分も名を晴賢と改めて、大内家の実権をその手ににぎった。この時元就は表面にこそ出さなかったが、心中では深く晴賢の不逞《ふてい》を怒り、これを倒す好期の到来を狙っていた。

天文二十三年（一五五四）陶晴賢は石州津和野三本松城に吉見正頼を攻めることとなった。これは正頼の妻は大内義隆の姉だったので、義隆を殺した晴賢の非行を糺すために敵対したからであった。この機を捉えた元就は、初めて真正面から晴賢の非を攻め、直ちに討伐の兵を挙げると、たちまちのうちに金山城・平源城・草津城・桜尾城等、安芸国にあって従来陶氏に属していた諸城を攻め落した。驚いたのは晴賢である。一挙に元就と雌雄を決せんと、吉見氏と和睦し（この時正頼が晴賢と和睦したのは、城内の糧食が欠乏していて、これ以上戦いを続ける事が出来なかったからである。）、急ぎ山口に帰ると、直ちに安芸に攻め入る計画に着手した。この間に於ても、元就の最も得意とする謀略戦は巧みに晴賢を死地に追いこんでいたのである。謀略戦の骨は相手をして心底から信じこませる事である。この時に於ける元就の謀略は、晴賢旗下の名将江良《えら》丹後守房栄《ふさひで》を晴賢の手によって自滅させる事、次に晴賢の大軍とまともに戦っては到底勝算がないので、狭い厳島に集結させ、奇襲作戦によって一挙にこれを撃滅することであった。その謀略は見事に図にあたり、晴賢は江良房栄を殺すと共に三万の大軍を厳島に上陸させた。

弘治元年（一五五五）九月三十日折からの暴風雨をついて包《つつみ》ヶ浦に上陸した毛利軍は、塔の岡に陣していた陶軍を背面から襲い、小早川隆景の水軍と協力して大勝利をおさめた。弘治元年（一五五五）十月一日、晴賢は大江の浦まで逃げて自殺した。晴賢は三十五歳であった。陶晴賢を滅ぼした後、大内氏の残党やまた元就に反抗する強族との戦はまだ残されていたが、元就は次々にこれを平定し、本国の安芸はもとより、備後・周防・長門の四か国も大体元就の支配下に入った。残るのは只山陰一帯に勢力を振っている尼子氏だけである。

元就は北九州に勢力を持つ大友氏と結び、後方の心配がなくなると、本格的に尼子氏討伐に取りかかった。これは元就にとって尼子氏が宿敵というよりは、古来出雲国が包蔵している良質の砂鉄資源と、これ等の施設、並びに雲伯両国にわたる豊富なる穀倉資源等、中国制覇には絶対必要だと思ったからである。しかもこれ等を掌握する中心は富田本城であった。元就の晩年は、全精力を尼子打倒の合戦に注ぎ、しかもそれは極めて長期戦であった。かくして永禄九年（一五六六）十一月二十八日、宿願の富田城は遂に落城し、城将義久は弟倫久《ともひさ》・秀久と共に毛利の軍門に降った。

永禄十二年（一五六九）六月二十三日、尼子復興軍は再び出雲に進入したが、この時元就はすでに老体となり、専ら郡山城中に於て養生に専念していた。元就は元来衛生を重んじ、殊に祖父豊元・父弘元・兄興元三人は、いずれも大酒のため短命したので、禁酒していたが、老病には勝てず、元亀二年（一五七一）六月十四日郡山城中で死んだ。時に年七十五歳であった。

# 吉川元春【きっかわ-もとはる】
享禄三年（一五三〇）—天正十四年（一五八六）

吉川元春は毛利元就の二男で、享禄三年（一五三〇）（月日未詳）吉田郡山城で生まれた。幼名を少輔次郎《しょうゆう》と言い、母は妙玖《みょうきゅう》夫人（吉川国経の女）で兄隆元に後れること七年、弟隆景に先んずること四年、元就が三十四歳の時の生誕である。天文十二年（一五四三）八月一日十四歳で元服し、兄隆元の一字を受けて元春と称したが、天文十四年（一五四五）十一月一日、その母妙玖夫人と死別した。父の元就は勿論、元春兄弟にとって如何ばかりの悲嘆であったかが察せられる。

その後元春は（天文十六年〈一五四七〉頃か）、熊谷信直の女を娶り、天文十七年（一五四八）（元春十九歳）長男鶴寿丸（後年の元長）を産んだ。信直の女はむしろ醜女に近いと言われていた程であったが、元春は容色などは問題にせず、その父信直が当時中国に於ける無雙の武人であった事を考え、自分から所望して妻に請い受けたと言われている。元春が人々の要望を入れて、吉川経興《つねおき》の後嗣となり、新庄（広島県北広島町）に入城したのは、天文十九年（一五五〇）一月十二日であった。爾来元春は弟隆景（小早川家を継ぐ）と並んで、「毛利の両川」と称せられ、宗家毛利氏の興隆発展のために武勲を顕わし、戦国武将としての面目を遺憾なく発揮した。瀬川秀雄博士はその名著「吉川元春」の中に、元春の戦歴を秩序的に明確にするには、左の三期に区分して考えるのがよいとされている。

第一期　元就の武将として活動した時代
天文十年（一五四一）正月、元春が十二歳で吉田郡山城下の宮崎長尾陣で初陣してから、元亀二年（一五七一）六月十四日、元就が病死するまで三十年六カ月の間で、それは元春の十二歳から四十二歳に至るまでである。
第二期　毛利輝元の補佐として活動した時代
元亀二年（一五七一）六月、元就が病死してから天正十年（一五八二）六月四日、高松講和に至るまでの十一年間で、元春が四十二歳から五十三歳に至るまでの期間である。
第三期　元春の晩年
天正十年（一五八二）六月高松講和から、同十四年（一五八六）十一月十五日元春が病没するまで四年六カ月の間で、それは元春が五十三歳から五十七歳に至るまでの期間である。

厳島の合戦は弘治元年（一五五五）十月一日の電撃戦であった。この時元春が社殿の後方観音堂付近で、敵将弘中隆兼父子と衝突していたが、その時敗兵の一人が民家に放火し、社殿に延焼するおそれが生じた時、元春は「弘中は逃がしてもよいが社殿を焼いてはならぬ」と全力をあげて防火につとめたので、社殿は延焼を免れることが出来た。敵将晴賢は大江の浦まで逃げて自殺（年三十五歳）、最後まで晴賢を扶《たす》けた弘中隆兼父子も十月三日には自殺したので、厳島の戦は毛利軍の大勝利となって終った。

元春は弘治二年（一五五六）三月十八日、宍戸隆家・志道通良等を従えて石見に入り、銀山山吹城を守っていた尼子方の刺賀長信・高畠遠言《とおこと》を降し、更に佐波興連《おきつら》父子も降した。それより前周布《すふ》城主周布下総守はすでに毛利方に通じていたし、益田七尾城主益田藤《ふじ》包《かね》も弘治三年（一五五七）には元春の幕下となることを願い出て来た。続いて永禄元年（一五五八）になると、出羽二つ山城主出羽元実・音明《おとあけ》城主福屋隆兼・温《ぬく》湯《ゆ》城主小笠原長雄・銀山城の城主本城常光も降参（本城常光は後元就によって族滅される）、石見征服の大業はあらかた成り、出雲国内の三沢為清・三刀屋久《ひさ》扶《すけ》・米原綱寛・湯原春綱・赤穴幸清等の諸豪族も相ついで毛利に帰服するようになった。

毛利元就が防・長両国の征服に費した期間は、僅かに二年二カ月であったのに反し、石見一国を征服するのに実に六年八カ月の日子を要した（弘治二年〈一五五六〉三月より永禄五年〈一五六二〉十一月まで）。かように長年月を費したのは、尼子氏が石見の豪族に対し多大の援助を与え、その抗戦力を強大ならしめていたからである。

石見の征服によって、多年江の川以東に侵潤していた尼子氏の勢力は、完全に駆逐されたばかりでなく、これが出雲国内に及ぼした影響は実に甚大で、これによって出雲国内に蟠居していた三沢為清・三刀屋久扶・米原綱寛・湯原春綱・赤穴幸清その他の諸豪族も相ついで毛利に服した。出雲戦線は永禄五年七月から永禄九年（一五六六）十一月まで四年三カ月で終了したので、言わば尼子・毛利合戦の終盤戦で、石見戦線こそ最も困難を極めた中盤戦であった。そしてこの戦を遂行した主動力となったのが吉川元春であったのである。

出雲に進入した元就は、永禄八年（一五六五）四月洗合《あらわい》（松江天倫寺山）を出発して星上山に陣し、更に進んで石原の上田山（滝山ともいい後勝山に改められる）に本陣を移し、四月十七日富田城を三面（御子守口・塩谷口・菅谷口）から攻撃した。この時元春は熊谷信直と共に尼子倫久・山中幸盛・立原久綱等の守っている塩谷口を攻めたが、城壁は高く防備も厳重で、突破が出来ず、一旦洗合（荒隈）の本営に引き揚げて行った。

当時出雲の隣国伯耆の国は、まだ多く尼子方に属していたが、特に蜂塚右衛門尉の守っている江美《えび》城（鳥取県江府町）と、吉田源四郎の立て籠もっている大江城（日野郡）とは、強力な尼子方だったので、元春は杉原盛重に命じてこれを討たせることとした。江美城は永禄八年（一五六五）八月六日、城将蜂塚右衛門尉の最期によって陥落し、大江城は吉田左京亮の嫡子吉田源四郎（年十二）が家臣二百人と共に立て籠もっていたのを、三村家親・香川光景等が攻め立てたので、城内にいた福山肥後守は、源四郎を守り血路を開いて富田城内へ逃げていった。富田城内では大江城を奪還しようと、秋上庵介・本田与次郎が夜襲をかけてみたが成功せず、これが富田城をして益々孤立を深め、遂に永禄九年（一五六六）十一月二十八日の富田城落城となった。

永禄十二年（一五六九）六月二十三日、出雲に進入して来た尼子再興軍は、たちまち三千の兵力となり、七月始めには早くも富田城に迫って来たので、城督天野隆重は防戦に努めたが、十一月三日には書状を毛利に送って援兵の派遣と兵糧の補給を願い出た。よって元就は一月六日を期して出雲遠征を決行する事となった。

吉川元春はその先鋒となり、吉川家譜代の将兵と石見の国衆を率い、積雪を踏んで猛進し、津賀を経て出雲に入ると、正月中旬には赤穴に到着した。続いて多久和を落城させ、三沢の鎌倉山を経て、二月十二日比田諏訪山に集結、十三日約十キロを北進して布部に到着、布部の中山の一戦に大勝を博した。この時元春は水谷口に向かって、幸盛・久綱等と激突したが、満を持していた尼子軍との正攻法では勝算が難いと思ったので、土民を買収し間道を通って尼子の本陣地中山を、北方から攻撃して之を奪ったので、午後となって戦局が変り毛利の大勝利となった。

その後元春は神速果敢な行動によって、次々に尼子の勢力を駆逐し、二年二カ月にして雲伯の秩序を回復した。かくの如く出雲戦線は尼子軍の完敗に終ったけれども、尼子軍の意気は更に阻喪《そそう》せず、元春が因幡から富田城に帰還していた好機を狙って因幡に進入し、たちまちのうちに数城を陥れた。天正二年（一五七四）一月三日の行動開始であった。この時因幡の私《きさ》部《いち》城には大坪一之《かずゆき》がおり、但馬諸寄《もろよせ》城には草刈景継《かげつぐ》がおり、また因幡淀山城には景継の弟重継がいて、頻りに尼子に抵抗したが、尼子軍の勢力もなかなかに強く、私部、若桜鬼ヶ城等次々尼子軍に奪取されるに至った。

これを見た元春は山名豊国を助けて、尼子の勢力を掃蕩《そうとう》しようと、天正三年（一五七五）八月、熊谷信直父子、天野隆重等一万七千の大軍を率いて伯耆八橋に到着、小早川隆景もまた安芸を発して伯耆に入り、元春の軍と合し威風堂々因幡に進入して来た。これを見た山名豊国はたちまち尼子を裏切り、平身低頭して元春・隆景を鳥取城下に迎えた。天正三年（一五七五）九月三日である。かくして尼子軍の占拠していた私部城・若桜鬼ヶ城を奪回し、天正四年（一五七六）五月には因幡全土を毛利の領有とする事に成功した。

天正六年（一五七八）四月の上月城包囲の際にも、元春は長子元長・二子元氏・三子経言《つねのぶ》・弟元秋・元康等を始め、一万五千の将兵を引きつれて富田城を出発し、美作の高田（真庭市）で隆景の軍と合流し、四月十八日上月に到着すると、上月城の西北に聳えている太平山に陣した。かくして上月城を包囲すること七十日ばかり、七月二日に至って遂にこれを落城させた。

天正九年（一五八一）正月、吉川経家（石見福光城吉川経安の嫡子）は一死覚悟の上で鳥取城に入城したが、秀吉の大軍は七月十二日完全にこれを包囲した。城内の兵糧は僅かに二、三カ月を維持するに足りなかったので、十月に至ると全く兵糧が尽きたので、城兵の命と引替に自殺し（時に年三十五）鳥取城は落城した。

元春が鳥取城救援のために富田城を出発したのは十月二十日頃であったが、馬の山に陣列を布いたのは十月二十五日で、経家が切腹してから数日後のことであった。この時秀吉の率いる四万五千の大軍は、御冠山《みかむり》に陣して元春の陣地を見おろし、一撃に粉砕する気勢を示していたが、元春は少しも驚かず、陣営を堅固にして背水の陣を布いたので、流石の秀吉も元春の剛胆沈着に驚き、「無用の戦よりは撤退に如かず」と、十一月八日には姫路に凱旋した。この馬の山の対陣に隆景は協力しなかったが、天正十年（一五八二）高松城籠城の時には、元春はわざわざ大軍を動員して救援に赴き、また六月四日秀吉からの講和条件もこれを受けいれた。すべて毛利家の安泰を第一義として行動したからである。

豊臣秀吉が九州の雄島津義久討伐を決意したのは、天正十四年（一五八六）七月頃で、元春も毛利家安泰のためには秀吉の命に服従せざるを得ないと考え、八月二十九日、元長・経言等を伴い新荘を出発、九月の終り頃門司に渡り、十月四日小倉城を攻撃することとなった。この時元春は陣中に於て「よう」と称する腫物が出来、これが悪化して、天正十四年（一五八六）十一月十五日、小倉城中で陣没した。時に五十七歳であった。

## 小早川隆景【こばやかわ-たかかげ】

天文二年（一五三三）—慶長二年（一五九七）

小早川隆景は天文二年（一五三三）毛利元就の三男として郡山城内に生まれた。幼名を徳寿丸といい、母は吉川国経の女で、その次兄は吉川元春である。幼年時代のことはあまり分らないが、父は元就という英雄であり、母は賢明貞淑な妙玖《みょうきゅう》夫人であったので、堅忍不抜の精神は幼年時代から養成されていた。

天文十二年（一五四三）大内義隆が出雲に来攻して来た時、義隆は大敗して五月七日総退却をすることとなったが、その時家来二人を連れた小早川正平は、五月八日鵈巣川《とびのす》まで来て敵襲を受け壮烈な戦死を遂げた。その子繁平が後を継いだが、眼病のため家事を執ることが出来なかったので、一族重臣は相談の上元就の三男隆景を繁平の妹と結婚させ、正平の後を相続させる事とした。それは天文二十年（一五五一）十月十三日で、隆景が十九歳の時であった。元来小早川家は鎌倉時代から本家の沼田と分家の竹原との両家に分れていた。分家の竹原家では当主小早川興景《おきかげ》が病死すると、嗣子がなかったので、十二歳になる隆景が竹原に入城してその後嗣となっていた。ところが十九歳になって今度は正平の女と結婚し、沼田本郷（三原市）の高山城へ入って、小早川の本家を相続する事となったのである。かくして鎌倉時代から二つに分かれていた沼田（本家）竹原（分家）の両小早川家は、ここに完全に合併される事となったのである。

隆景が出雲の富田城と関りを持つようになるのは、永禄八年（一五六五）四月十七日行なわれた富田城三面攻撃の時からである。この時父元就が富田城の西の入口（御子守口）を攻め、兄元春は南塩谷口を攻めた。隆景は第三軍の先鋒となり、米原綱寛・杉原盛重・南條宗勝等を従えて、北菅谷口《すがたに》に向かい猛烈な戦闘を開始したが、結局三面とも富田城の防備は固くて突破する事が出来ず、却って城兵から追いまくられて、元就も一時勝山（滝山とも言った）の陣地から洗合《あらわい》（荒隈）に引上げざるを得なくなった。その後元就は食糧攻めに方針を変え、永禄九年（一五六六）十一月二十八日富田城は落城したので、天野隆重を城督として富田城に残し、毛利軍は凱旋をあげて吉田へ引揚げて行った。

その後三年後、即ち永禄十二年（一五六九）六月、思いもかけない尼子復興軍の出雲進攻となって、富田城は尼子軍に奪回される危殆に瀕することとなったが、隆重は孤立無援の中によく城を守り続けた。富田救援軍は元亀元年（一五七〇）一月郡山城を出発、輝元（十六歳）を大将に、元春・隆景（いわゆる毛利の両川）を副将に雪中を強行軍して、二月十二日比田（安来市）諏訪山《すわ》に集結、十三日北方十キロの布部の里に進出した。その日は天寒く大雪であった。当時比田から布部を通過して北方富田城へ通ずるには、布部の里の中央に蟠居《ばんきょ》している中山の頂上道を通過しなければならなかった。そして中山の頂上道に登るには東寄りにある本道筋（中山口）と、西寄りにある水谷口との二つの入口があった。よって毛利軍は本道筋にあたる中山口には大将輝元の主力軍がこれに当り、水谷口には元春が当った。この時隆景は宍戸隆家等と共に、水谷口の更に西方にある尾頸《をくび》に陣していたが、山中幸盛・立原久綱等の構えている水谷口の戦闘が容易でないのを見て、尾頸の陣営から移動して水谷口の戦列に加わった。

午前中の戦闘は尼子軍に有利に展開し、毛利麾下の勇将田門《たど》右衛門尉は、中山口に於て尼子の先鋒横道権允《ごんのじょう》（兵庫介の弟）と渡り合って戦死し、粟屋又左衛門も同じく中山口で横道源介と格闘して戦死した。しかし午後になって元春の別動隊が、中山にあった尼子の本陣地を背後から占領するに及んで形勢は逆転し、尼子軍は大動揺を来すと共に、横道兵庫介（源介の兄）・真木与一・目黒左衛門・隠岐三郎五郎以下多数の勇将が次々に戦死し、尼子軍は潰滅的な打撃を受けた。かくして意気のあがった毛利軍は、翌十五日堂々と富田城に入城して一同を慰労した。

その後中国統治は、山陰は主として元春がこれに当たり、山陽は隆景がその任に当たっていたが、尼子の残党が完全に掃討されるまでは、常に元春・隆景の協力が必要だった。天正三年尼子勝久・山中鹿介等が因幡に進入して来ると、隆景も安芸を出発して伯耆に入り、そこで元春の軍と合併、堂々と因幡に向かって進入、九月三日には鳥取城下に到着した。

あたかもこの頃織田信長は荒木村重に命じて播磨に進入させたので、宇喜多直家は驚いて毛利に救援を願い出た。放っておけないので、折角因幡に出かけていた元春・隆景も十月十二日には一旦吉田に帰らなければならなくなった。その隙をねらって、翌天正四年尼子は一時勢力を取り返したが、もともと因幡に於ける毛利・吉川の軍容は充実していたばかりでなく、杉原盛重・大坪一之《かずゆき》・牛尾大蔵左衛門・草刈重継《しげつぐ》等毛利に味方する者が多かったので、尼子軍は因幡の諸城を次々に失い、最後の拠点としていた若桜鬼ヶ城《わかさおに》をも放棄して、勝久は但馬に逃走したため、因幡全土は完全に毛利氏の領有となった。時に天正四年（一五七六）五月頃であった。かくして毛利尼子の戦は天正六年（一五七八）四月の上月城攻防戦となり、戦場は播磨へ移って行ったが、上月城は七月三日に落城、七月十七日には幸盛も謀殺されて、足かけ二十年も続いた尼子・毛利の合戦はその終幕をおろすに至った。

小早川隆景はその盛年時代を、常に兄元春と共に協力して中国各地に転戦した。毛利氏の勢力が中国から九州まで伸びて行ったのは、全く元春・隆景兄弟の協力によるものであった。（父元就の三矢の教訓は見事に達成されたのである。）隆景は直江兼続《かねつぐ》・堀秀政と並んで当時に於ける三武将の一人と称せられ、外交的手腕にも富んでいた。天正十年（一五八二）六月二日本能寺の変の直後、秀吉と講和してからは秀吉と肝胆相照す仲となった。天正十三年（一五八五）四国征伐の後に、伊予三十五万石に封ぜられ、また天正十五年（一五八七）九州征伐では豊前を攻略して、戦後筑前と肥前・筑後の二郡を与えられ、立花城主となった。ついで翌年名島城を築き、そこへ移り住んだ。征韓の役では各地に転戦し、特に文禄の役の碧蹄館の戦いでは、明将李如松の大軍を破って勇名を馳せた。帰国後秀吉の五大老（徳川家康・前田利家・宇喜田秀家・毛利輝元・小早川隆景）の一人となり、文禄四年（一五九五）家督を養子秀秋（秀吉の妻高台院の弟木下家定の五男）に譲って三原城に隠退した。慶長二年（一五九七）六月十二日六十五歳没。これによって見ると、碧蹄館の戦いのとき隆景はすでに還暦に達していたのである。山陽の詩に「碧蹄館下羽書馳ス　敵勢如潮独力支ウ　萬死兵機立談シテ決シ　誰論ズ華押字成ルヲ遅キニ」とある。

## 熊谷信直

**永正三年（一五〇六）―文禄二年（一五九三）【くまがい-のぶなお】**

熊谷信直は源平合戦の頃名声の高かった熊谷次郎直実の後裔で、安芸国高松城（広島市可部町高松山で、熊谷一族が在城した）主で、始めは銀山城《かなやま》（広島市祇園町）主武田光和《みつかず》と親交があり、自分の妹を光和に嫁がせていたが、後感情のもつれから妹は銀山城を去って高松城に帰り、その後両者の反目は次第に深まったので、天文二年（一五三三）以来信直は毛利氏に服属する様になった。後自分の女は吉川元春の妻となることとなったので、吉川氏とも親戚関係となり、爾来毛利氏の麾下の中でも屈指の武将として、元就に忠勤を励げんだ。

天文十九年（一五五〇）九月二十七日、吉川興経《おきつね》の館を不意に襲撃して、彼を自決に追い込ませたのも信直であり、また天文二十三年（一五五四）元就が陶晴賢討伐のため、佐伯郡（広島市）西方地区に進出して、たちまちのうちに桜尾城・己斐《こい》城・草津城等を落した際にも、信直は武勲をたてた。勿論厳島の役にも参加したし、吉川元春が石見方面に出征した際にも、従軍して尼子軍と戦ったが、殊に福屋隆兼の毛利氏に対する態度が鮮明でなく、永禄四年（一五六一）十一月福光城（大田市）主吉川経安《つねやす》が尼子軍に包囲された時には、救援に赴いて尼子軍を退散させた。

　信直が直接富田城に来攻したのは、毛利元就が出雲出征を開始した時で、その時信直は毛利麾下の宍戸隆家・福原貞俊・志道《しじ》通良《みちよし》・桂元澄・天野隆重等と共に従軍し、赫々たる武勲をたてた。永禄八年（一五六五）元就は洗合の陣地を発し、星上《ほしがみ》山に陣営を移し、更に進んで城安寺山・上田山（滝山）に進み、四月十七日富田城三面攻撃を試みた。この時信直は、塩谷口を攻める吉川元春の軍列にいたが、進撃の命令を待たず突撃したところ、塩谷口を守備していた尼子倫久《ともひさ》の麾下、森脇久仍《ひさより》・平野又右衛門・大西十兵衛・山中鹿介・立原源太兵衛等が左右の台地から挾撃したため、此処を突破する事は出来なかった。結局この時の富田城三面攻撃は、堅固な尼子軍の防衛によって成功しなかったのである。

　富田城の落城したのは永禄九年（一五六六）十一月二十八日で、尼子は事実上滅亡したので、毛利氏は専ら九州方面に於て、大友宗麟と戦うこととなった。信直は立花城（福岡市、立花氏は大友氏の一族）攻撃に参加していた。ところが永禄十二年（一五六九）六月二十三日、尼子復興軍は突然出雲に進入して来た。これは大友宗麟（義鎮《よししげ》）の声援によるものであった。大友宗麟は中国の雄毛利元就に対抗するために、尼子勝久に独立運動を起させると共に、大内輝弘《てるひろ》を山口に乱入させ、尼子・大内・大友の三勢力を結集して、毛利氏の領国を撹乱させようと謀ったのである。

　大内輝弘は大内義興の兄であったが、甥の義隆と不和になったため、豊後に逃げて大友氏に寄寓していたが、後還俗して高弘といった。京都に出て将軍義輝の知遇を受け、その偏諱《へんき》を貰って輝弘と改め、一時尼子氏を頼ったが、六年の後豊後に帰り、大友義鎮《よししげ》（宗麟）の女婿となって機会の到来を待っていたのである。

永禄十二年（一五六九）六月二十三日、尼子勝久は出雲に進入した。輝弘はこの好機を捉え、豊後から海を渡って周防に上陸、十月十二日山口に乱入、その勢は侮るべからざるものがあった。長府（下関市）の本営でこの情報を聞いた元就は、先に立花陣から帰っていた元春・隆景と協議の上、元春を大将として輝弘討伐に向かわせる事となった。元就の大命を受けた元春は、福原貞俊・熊谷信直以下一万の大軍で輝弘を追いつめたので、輝弘は茶臼山城（防府市富海）の要害に立て籠ったが、到底勝目のないことを見通し自殺した。永禄十二年（一五六九）十月二十五日である。熊谷信直は大功をたて、十月二十八日には周防国府に凱旋した。

かくの如くにして、毛利氏は後顧の恐れがなくなったので、全力をあげて尼子復興軍の撃滅に専念した。元亀元年（一五七〇）出雲布部中山の合戦に大勝利を博し、天正三年（一五七五）には因幡地方に浸透した尼子勢力を駆逐し、完全に山陰の勢力を毛利氏の手に納めるに至った。

当時十五代将軍足利義昭《よしあき》は、日に日に勢力を加えつつあった織田信長に対抗するため、中国の雄毛利氏に頼らんとする心に傾きつつあり、毛利氏もまた義昭を助けて信長に当らんとする気持ちがあった。その原因の一つに信長は尼子氏を守り立て、これによって毛利氏を牽制しようとする意図のある事が見えていたからである。天正四年（一五七六）二月、将軍義昭は紀伊から海を渡って備後鞆《とも》の浦に着き、小松寺にいて毛利輝元の協力を申し入れた。この時信直は義昭と毛利の仲を斡旋して、終始義昭援助の態度を変えなかった。かくして天正六年（一五七八）七月三日上月城の落城、七月十七日幸盛最期となり、その首は実検のため鞆の浦へ運ばれて行き、静観寺門前の首塚となったのである。

# 吉川広家【きっかわ-ひろいえ】

永禄四年（一五六一）―寛永二年（一六二五）

吉川広家は元春の第四子で、初めは経言《つねのぶ》と言っていたが、後改名して広家となのった。長兄元長は家督を相続し、次兄元氏（初名元棟《もとむね》・繁沢氏を相続）は他家を相続、弟松寿丸は天正六年（一五七八）十月早く死んだので、父の元春は殊に経言を愛し、老後は彼に身を寄せて安穏に余世を暮そうと考えていた。

広家は少年の頃から父元春に従って各地で転戦した。天正三年（一五七五）九月元春が因幡私部《きさいち》城を占拠している勝久軍を攻めた時、経言はまだ十五歳の少年であったが、乳人《めのと》小坂越中守が止めるのも肯《き》かず、夜陰に乗じて突進し敵を撃退して、「流石は元春公の御曹子よ」と人々を感嘆させた。天正六年（一五七八）七月上月城落城の時も、天正九年（一五八一）十月元春が因幡の馬の山で対陣した時も、常に元春の陣列に加わって活躍した。

毛利が秀吉と和睦したのは天正十年（一五八二）六月四日で、信長が本能寺で殺されてから僅か二日の後である。この時講和の条件として、毛利氏領土の割譲の事や、人質を差し出す等の事などがあったが、元春は吉川家からは最も頼みにしていた広家を人質として大阪に送った。広家二十二歳の時である。秀吉は大いに喜び、これによって秀吉と毛利氏との親善関係は急速に進み、経言は藏人《くらんど》に任ぜられ、翌十一月には帰国を許された。

天正十四年（一五八六）秀吉は太政大臣となり、豊臣の姓を賜り、九州に島津征伐の軍を送った。この時元春・元長の父子は相ついで陣中で死んだので、せめて広家には西海の一国を与え、吉川氏の功労に報いんとしたが、石田三成は、

「輝元の領地は割譲したとは言っても、なお中国一円に亘っており、小早川隆景もすでに一国を領し、その上広家は宇喜多秀家の女婿で、秀家もまた中国の雄である。そこへまた広家が西国で一国を得るという事になれば、一旦事のあった時、西国はすべて毛利勢力の

中に加わって事は重大である。むしろ輝元の領国のうち若干を割いてこれを与えるならば、表向きは優遇ということになっても実質は毛利勢力に歯止めをかける事になろう。」

と進言したので、結局出雲三郡（意宇郡・島根郡・秋鹿郡）と伯耆三郡（会見《あいみ》郡・汗入《あせり》郡・日野郡）十二万石の領主として富田城へ入城させる事となった。時に天正十九年（一五九一）六月十八日であった。（この竹篦《しっぺい》返しは慶長五年〈一六〇〇〉関ヶ原の役に於ける吉川広家の内部工作等によっても表れてくる）

富田城に入城した広家は、富田城の地理的・地勢的条件を具さに検討してみた結果、なるほど富田城は戦国時代の山城として類稀な堅城である事は納得された。地理的に見ても東から南西へかけての三面はいずれも三百メートルを超す山々をもって取り巡らされ、北方は中の海で、しかもそこへ流れ込む富田川は優に舟運の便があり、海路によって日本各地また大陸とも交易の便があった。それにその城下町は富田川と平行して延々十キロに亘る山陰屈指の城下町が形成されており、その中には尼子鍛治と称せられた製鉄工場の整備もあった。また富田城そのものの地形を見るに、所謂複郭式山城の独立山で、外廓の周辺は二十メートルに近い断崖絶壁が聳立していた。これならば大内・毛利との戦、山中幸盛の奪回戦にも陥落しなかった筈である。しかしそれは三十年前のことであって、すでに戦国時代の終った今日に於ては、都城としてまち合わない点が色々あった。第一に中の海から十キロ近くも奥部にある点、またその地内が狭くて将来への発展性が乏しい事、富田川の舟運は将来不可能になる傾向のある事等の欠陥が考えられたので、中の海沿岸地帯に新天地を求むべきだと直観した。

最初は安来の丸山（十神山）に築城しようと普請を初めてみたが、そこは中の海の最奥部であり、山も稍小すぎたので、中途で廃止し、改めて米子の飯山（深浦にのぞむ）附近に城地を選び、大山寺の円智法師（後の豪円僧正）に湊山と命名させ、城と城下町の建設に着手した。物資は富田城から運び、専ら古曳吉種に命じて築城にあたらせた。

広家が富田に入城した天正十九年（一五九一）には、その年の九月二十四日、秀吉によって朝鮮征伐の号令が発せられたので、広家もこれに参戦した。これが文禄の役である。しかるに慶長元年（一五九六）九月三日秀吉は明使を大坂城に引見したところ、その国書が無礼だったので、慶長二年（一五九七）正月再び朝鮮再征を命じたので、広家は再び戦列に加わる事となった。（慶長二年〈一五九七〉正月、蔚山《うるさん》で加藤清正を助けた武勇は特に有名である。）広家が朝鮮から帰ったのは慶長三年（一五九八）五月で、宇喜多秀家・小早川秀秋・毛利輝元・藤堂高虎等も同時に帰還した。秀吉が死んだのは慶長三年（一五九八）八月十八日（年六十三）で、この時朝鮮遠征は事実上終ったのである。

天正十九年（一五九一）広家が湊山に造った天守閣は四層のもので、山陰に於ける近世の城郭としては最初の天守閣であったが、慶長五年（一六〇〇）中村一忠が伯耆十八万石の領主となって米子城に入ると、更に盛土して五層の天守閣を造り、この複合天守閣輪奐《りんかん》の美は、当時山陰一のものとして天下の衆目を集め、池田輝政が慶長五年（一六〇〇）から九カ年を費して大改修を加えた姫路白鷺城も、この米子久米城を参考にした点が多かったと伝えられている。

広家は関ヶ原の役後岩国に転封され、慶長八年（一六〇三）から五年の歳月を費し岩国城を完成したが、元和元年（一六一五）閏六月に発せられた徳川幕府の「一国一城令」によって破却のやむなきに至り、僅か七年の寿命しかなかった。（現在の昭和新城は昭和三十六年〈一九六一〉三月十二日起工、翌三十七年〈一九六二〉三月二十一日に完成したもので、総工費五千四百四十一万五千円である）広家は寛永二年（一六二五）岩国で死んだ。年六十四歳であった。

## 天野隆重【あまの-たかしげ】

**文亀二年（一五〇二）―天正十二年（一五八四）**

天野隆重の先祖は左大臣藤原魚名といわれている。

天野遠景は頼朝挙兵の際、石橋山に力戦して頼朝を救い、天野隆重は毛利氏に属して紀伊守となった。天文十九年（一五五〇）九月三日には元就の命を受けて、吉川経興を自滅させ、天文二十三年（一五五四）五月十二日、元就が陶晴賢討伐の軍を起した時には、元就の麾下として周防・安芸国境方面の陶氏の諸城を陥城させ、弘治元年（一五五五）十月一日、元就が厳島に於て陶晴賢の軍を殲滅《せんめつ》した時にも功をたてた。更にその後、永禄三年（一五六〇）の石見出征並びに出雲出征にも参加した。

永禄四年（一五六一）十月大友軍が門司城附近に来襲して来た時、天野隆重は宍戸隆家・福原貞俊等と共に門司城外に出で、門司海岸から上陸した兒玉就方等の水軍と合体して大友軍を破り、刈田松山城（京都《みやこ》郡刈田町）を占拠し、その城主であった幼少の杉松千代を補佐して、毛利方の威信を保った。

後再び出雲戦線に転じ、永禄六年（一五六三）の白鹿城攻撃、同八年（一五六五）の富田城三面攻撃を経て、永禄九年（一五六六）十一月二十八日の落城まで常に奮戦を繰り返した。富田落城の際、城受取りとして入城したのは福原貞俊と口羽通良の両名であったが、元就は天野隆重を城督とするよう命じたので、隆重は城にとどまり、富田城守備の万全を期した。元就はその功を認め、永禄十年（一五六七）九月十三日、天野隆重の所領中、長門国大嶺（美祢市）三百貫の地と周防国山代（岩国市）の内百貫の地とは、隆重の没後天野熊千代丸に譲渡すべき事を承諾した旨を、隆重及び熊千代丸に伝達した（天野文書）。しかるに永禄十二年（一五六九）思いもかけぬ尼子勝久の出雲進入となり、七月初めには早くも富田城に肉薄して来た。その軍勢三千余騎、城内には僅かに三百人程度が守備していたのに過ぎなかった。この辺の事情を陰徳太平記には次のように誌している。

永禄十二年（一五六九）六月二十三日、島根郡忠山に上陸した勝久が檄を飛ばすと、五日のうちにその軍勢はおよそ三千騎になったので、六月下旬勝久は多賀左京亮の守備していた真山城（新山城）を一戦に攻め落し、末次に土居を構えて砦とすると、山佐・布部等十カ所に支城を築き月山を包囲した。その頃隆重は僅か三百足らずの兵で守備していたので、三千に近い尼子軍とまともに戦っては到底勝算がないと思い、秋上伊織介（庵介）のもとへ使者をたて、「この寡勢では防戦の手段もないので城は明け渡そう。その代り今の領地の上に五千貫の加増を頂き度い」と申し出た。山中鹿介は「天野程の大将が一戦もしないで城を明け渡すとは合点しかねる」と言ったが、何しろ兵力の差があり過ぎた上、「隆重ほどの者が味方につけば、出雲に恐れる者は一人もいない」と言う者もあったので、秋上伊織介を大将に二千騎余りが富田城に入城し、七曲りの道を本丸に向かって進もうとした時、かねて配置してあった隆重の伏兵は、一度に弓・鉄砲で攻め立てたので、尼子方は岸與九郎・相良新三郎・三刀屋宗太郎以下十七人が討死、六十余人が疵を受けて退却してしまった。その後尼子軍は度々攻めてみたが、徒らに死傷を出すだけで効果はなかった。

隆重は籠城すでに六カ月に及んだが、永禄十二年（一五六九）十一月三日、書状を小早川隆景に送って、出雲の情勢を詳しく報告すると共に、速やかに援兵の派遣と食糧の補給と懇請した。よって隆景は同月十八日返書を隆重に送り、彼が孤軍奮闘よく決死籠城している比類なき忠誠を激賞すると共に、九州山口方面の戦況を報告し、大内輝弘《てるひろ》以下反毛利の勢力は悉く一掃されたので、近日中に富田救援が出動することを報じ士気を鼓舞させた。かくして富田救援軍は、元亀元年（一五七〇）一月五日吉田郡山を出動、二月十四日布部中山の会戦に尼子軍を撃破し、翌十五日堂々富田城に入城して隆重以下城兵一同の労を犒《ねぎら》った。

尼子軍は二年二カ月にして出雲からは撤退したが、天正元年（一五七三）から三年（一五七五）にかけては、因幡戦線に於て戦闘が繰り返され、毛利が完全にその勢力を因幡から駆逐したのは、天正三年（一五七五）九月であった。その間富田城は山陰安定の中心的存在となっていた。隆重は元就の命により無事籠城の大任は終えたが、倍加する責任の重大なるに鑑み、自分は熊野城に隠退して富田城には元春の弟元秋（椙森氏、少輔十郎）を城主として入城してもらう様申請した。この時機は明らかではないが、天正四年（一五七六）十二月十八日には天野隆重が出雲熊野氏に所領を増加したとの文書があり（熊野文書）、天正六年（一五七八）四月十八日毛利軍上月城包囲の際、隆重は従軍しており、天正八年（一五八〇）八月十九日に毛利元秋が出雲荒島の地を一畑寺に寄進したとの文書（一畑寺文書）があるので、元秋富田入城は上月城落城後であったと思われる。尼子氏は滅んだとはいっても、織田・毛利の対立は日と共に烈しくなり、豊臣秀吉の山陰進出は目睫の間に迫っていたので、毛利氏にとってはまさに重大危局であった。上月落城後の隆重の動静は明らかではないが、元秋に富田城の城督を譲ると、熊野要害山（水の手山）の城主となり隠棲したものらしい。山の西麓にその墳墓と称するものがあり、また熊野にある天野八幡宮は隆重勧請の社であると土地の古老は話している。法号は自応院殿一峰円月居士。

隆重は元就より四才あまりの年長で、元就の親任も厚く福原広俊とも姻戚関係があった。その具足は天野家の家宝として伝来され、周東町（岩国市）の文化財に指定されている。隆重には五男（中務大輔元明・河内守武証《たけあきら》・宮内少輔元佑《もとすけ》・雅楽允友久・長嘉《ながよし》）があったが、それぞれの末裔については詳しくはわからない。

## 三村家親【みむら・いえちか】

永正十四年（一五一七）―永禄九年（一五六六）

三村家親は毛利の将で、永禄七・八年（一五六四・六五）頃伯耆国日野郡地方の尼子勢力を掃蕩した部将であり、蜂塚右衛門尉・福山肥後守は同じ頃日野郡を防衛していた尼子方の大将で、毛利元就の攻撃を受け、次々に滅亡した悲運の武将である。

永禄七年（一五六四）春頃になると、出雲の国内に於ける尼子支配下の諸城は、次第に毛利軍によって攻略され、富田城に必要な物資はむしろ因伯方面から補給を仰がざるを得ない状態に立ち至った。こうなると伯耆国日野郡地方は富田城にとって重要な補給ルートとなるばかりでなく、民心もまだ尼子に傾倒するものが多かった。一方毛利氏にとって富田城を制圧するためには、この外縁地帯を早急に平定しておく必要があった。

伯耆国河岡城（米子市）主山田満重はすでに毛利に属し、その武将片山左衛門尉は、天満《てま》城（鳥取県南部町）を焼き崩して武勲をたてていた。しかし伯耆の郷民はまだ尼子に味方する者が多く、永禄七年（一五六四）六月頃になると、各所に郷民が蜂起して形勢は極めて重大となった。よって元就は当時備中松山城（高梁市）主であった三村家親を呼び返し、急ぎ伯耆に出動させ、香川光景と協力させて暴動の鎮圧にあたらせ、その上児玉就方に命じ、因伯の海岸を封鎖し、海陸両面から尼子勢力の掃蕩をはかったので、各所に屯営していた尼子党は相前後して月山に逃げざるを得なくなった。残るは蜂塚右衛門尉の城江美《えび》城（鳥取県江府町）と、吉田源四郎の立て籠もっている大江城（鳥取県日野町）ぐらいのものである。

江美城攻撃にあたった毛利の将は主として杉原盛重であった。盛重は永禄八年（一五六五）八月五日、美保関を出港して海路伯耆に向かい、江美城への攻撃にあたらんとした。夜見湾の中程まで来ると俄に暴風が吹き起り、怒涛天を衝いてしばしば転覆の危険があったが、盛重はひるまず江美城附近の海岸に上陸、夜陰に乗じて江美城の麓にあった蜂塚の館に火を放ち、翌八月六日の早朝、三千余の兵力を両分し、左右の丘から鉄砲の猛攻を加えたので、城将蜂塚右衛門尉は力尽き壮烈な最後を遂げたと軍記物には記してある。暴風の突発、その兵力の数、鉄砲の所持などやや誇張の点が見えるとは言え、ここで蜂塚の滅んだことは事実である。蜂塚は永禄五年（一五六二）の六月頃一度は毛利に降参していたが、永禄五年（一五六二）十一月本城常光が元就によって一族を滅ぼされた時、再び尼子に帰り江美城没落までその態度を変えなかった。その最後の悲壮であっただけ、その節操は郷人によって永く伝えられた。

一方、三村家親は永禄八年（一五六五）九月二日、二千余騎をひきつれ、吉田源四郎（十二歳）（吉田源四郎の父は吉田左京亮、左京亮の兄が吉田筑後守で富田城の外縁伯耆を治めていた）が尼子の臣福山肥後守の附添いにより、家臣二百余人と共に立て籠もっている大江城へ攻めかかった。検視役として附いていたのは香川光景である。この時城中からは福山肥後守を先頭に六十余人が一団となり、おめき叫んで討って出たので、流石の家親の兵も思わずさっと両方に開くと、城兵はそこを切り抜け遥かに落ちてしまった。かくして家親は難なく大江城を占拠した。富田城では大江城を奪われたことを残念に思い、秋上庵介・牛尾弾正忠が二千騎で夜討ちをしかけて来たが、三村・香川の両名がよく防戦したので、秋上等もあきらめて引きあげた。その後家親は元就の命により、大江の城は南条宗勝に渡し、自分は法勝寺（鳥取県南部町）の城を攻めてこれに入り、ここを守備することとなったので、日野川流域もあらかた毛利の勢力圏内に入ることとなった。（永禄十二年〈一五六九〉六月尼子勝久が出雲に乱入して再挙を企てた時、備後の神辺城や高田城などは尼子に内応していたし、備前の浦上宗景や宇喜多直家等の態度も必ずしも明瞭とは言えなかった。）よって元就は元亀二年（一五七一）当時備中松山城主であった三村家親に出陣を命じ、伯耆に在陣していた香川光景に協力させて、その地方を平定させた。その後三村家親は再び松山城主となっていたが、尼子勝久が因幡で活躍していた天正二年（一五七四）頃、宇喜多直家の謀略によって非業の最期を遂げるのである。

吉田左京亮の長男源四郎は、大江の城落城後富田城中へはいっていたが、叔父吉田八郎左衛門・吉田三郎左衛門二人のはからいで毛利に降参することとなった。福山肥後守は先年不動が嶽で三村家親を討ち損じたことを残念に思い、この頃家親が伯耆の法勝寺にいることを聞き、平野又右衛門と共に陣を二隊にわけて法勝寺へ攻めこんだ。

頃は永禄八年（一五六五）十月十日あまり、戦に慣れた家親は福山が攻めて来ても相手にならず、日の暮れるのを待っていた。福山は用心もなく深入りして日も暮れたので、手に手に松明をともしながら帰って来た。待ち受けていた三村勢は田畑のうねを走りまわりながら、松明目がけて前後左右からさんざんに射立てた。暗さは暗し、流石の福山も進退谷《きわま》っているところに、飛び来った一本の矢に喉を射抜かれ、死んでしまった。養子の福山藤三郎は「敵に首をかかれまい」と首を取り、深田の中へ押しこんでおいて敵中へ走り入ると、敵数人斬り伏せた上これも自害して果てた。

毛利方では福山の首を探しまわったが、何しろ泥田深く隠してあったので見つけることが出来ない。仕方がないので、田の畦に横たわっていた死骸から右手を切り取って「福山を討ったしるし」として差し出した。これは以前福山が洗合へ降参のために誓紙を書き、血判のため切った小指の傷が、まだ治まっていなかった証拠に手を切って首の代りにしたのである。（陰徳太平記）

## 杉原盛重【すぎはら-もりしげ】

生年不詳―天正九年（一五八一）

尼子・毛利の合戦にしばしば登場してくる毛利の部将に杉原盛重があるが、若年の頃については詳しくはわからない。その先祖は鎌倉時代の初期、関東から来た地頭で、戦国期には八ツ尾城（府中市出口町）を本居に神石郡（広島県）南部に勢力を持っていた。永禄元年（一五五八）二月上旬、吉川元春が父元就の命を奉じ、将兵一千余人を率いて新庄を出発、石見攻略に向かった時、出羽二つ山城（島根県邑南町）主出羽元実・音明《おとあけ》城（江津市）主福屋隆兼の両人は逸早く毛利に味方したが、須佐高矢倉城（出雲市）主本城常光・温湯《ぬくゆ》城（島根県川本町）主小笠原長雄《ながかつ》の二人は、毛利に降らず出羽・福屋の兵と交戦して譲らなかった。この時備後の神辺《かんなべ》城（福山市）から来援したのが杉原盛重である。

神辺城主山名理興は尼子方で、天文十二年（一五四

三）六月以来、毛利の猛攻にも拘わらず城を死守し、籠城すでに七年の長きに及んだが遂に落城し、城主山名理興は富田城へ逃げて行ったので、その後を受けて城主となっていたのが杉原盛重である。

白鹿《しらが》城の攻略は永禄六年（一五六三）八月十三日から始まった。白鹿城は海抜二百四十六メートルの白鹿山上にあり、城将松田左近将監満久の妻は晴久の姉であり（註、異説あり）、その子は兵部丞誠保《じょうまさやす》であった。松田はその部下一千人と共に、尼子の部将牛尾久清・平野又右衛門等と共に決死の籠城をしていたので、これを落とすことは容易ではなかったが、八月十三日の夜杉原盛重等は小白鹿城を落し、白鹿城の外郭は制圧することが出来たが、本壘は堅固で容易に落ちないので、毛利方では大森銀山の鉱夫を呼び寄せ、坑道を掘って本丸に近づく作戦を立てた。これを探知した尼子方では、多賀丸から同様横穴を掘って食い止めようとしたところ、九月十一日になって両方の坑道が通じたので壮烈な坑道内の戦が演ぜられたが、これは結局尼子軍によって塞がれたので、毛利軍の進出は不可能になった。かくして籠城すでに七十余日に及び、兵糧も今は全く尽き果てたので、十月二十九日に至って城は遂に落城した。この白鹿城攻略に当って、杉原盛重の立てた功績は極めて大きかった。

白鹿城の陥落によって、原手郡（出雲平野）からの糧食輸送は事実上困難になってきたので、その補給は但馬・因幡・伯耆辺に仰がざるを得なくなった。永禄六年（一五六三）十一月、因幡・但馬方面から富田城へ廻送する兵糧船が、出雲・伯耆の海岸に現れたので、元就は杉原盛重に命じこれを阻止させた。当時盛重は伯耆の泉山城（米子市尾高にあり、尾高城ともいった。）にいたのである。

元来、泉山城は山内氏の居城で、後、行松入道正盛が城主となっていたが先年病死し、その妻が二人の幼児を抱えて城を守っていた。この妻というのは、元就の兄興元の女であったので、元春は父元就の諒解を得、この妻を盛重に再婚させ、盛重を泉山城主として、山陰特に伯耆の治安にあたらせていた。盛重は勇武並びに知謀にすぐれた良将だったので、伯耆国内に於ける毛利の威武は大いにあがり、同時に富田へ輸送する食糧物資を途中で押えたので、富田城内の食糧危機は日と共に深刻になっていった。

永禄八年（一五六五）四月十七日、富田三面攻撃の時、盛重は小早川隆景の麾下として菅谷口に向った。この方面の守備の大将は尼子秀久で、目黒惣兵衛・宇山弾正等が堅めており、寄手には盛重のほかに米原綱寛・南條宗勝等の手の者もいたが、これを突破することは遂に出来なかった。

この頃伯耆国内に於ては、まだ尼子に味方する者が少なくなく、殊に江美城（鳥取県江府町）主蜂塚右衛門尉、大江城（鳥取県日野町）主吉田源五郎等は強く毛利に抵抗し、富田城攻略に支障を来すことが多かった。この頃、杉原盛重は泉山城を出て会見郡天満《てま》城（鳥取県南部町）に駐在し、日野郡に於ける尼子勢力の掃蕩に全力を注ぎ、永禄八年（一五六五）八月六日には、江美城を急襲して蜂塚右衛門尉を滅ぼし、遂に永禄九年（一五六六）十一月二十八日の富田落城に追い込んだのである。

元亀元年（一五七〇）二月十四日、布部山合戦には盛重は水谷口攻撃の元春軍中にあり、天正六年四月上月城包囲の時にも参加した。天正六年（一五六二）七月三日、上月城は籠城二カ月余りにして遂に落城した。

上月城落城によって尼子勝久は自殺、山中幸盛は謀殺されて、中国地方に於ける尼子勢力は完全に払拭《ふっしょく》されたが、毛利対織田の対立は益々深まるばかりであった。天正七年（一五七九）八月になると、備前の宇喜多直家、伯耆の南條元続《もとつぐ》等が相ついで毛利に離反したので、伯耆に在留していた杉原盛重はいよいよ多忙を極める事となった。

この頃、美作の高山城（津山市）にいた草刈景継《かげつぐ》は織田氏に内応したので、元春は彼に自刃をすすめ、弟重継に後を継がせた。伯耆の羽衣石《うえし》城（鳥取県湯梨浜町）主南條元続もまた織田氏に内応したので、元春はこれが討伐を杉原盛重に命じた。天正八年（一五八〇）八月盛重は嫡子元盛、二男景盛以下二千五百を率い、南條備前守元続の嫡子九郎左衛門信正と戦い、遂にこれを羽衣石城山麓まで追い詰めて滅した。かくの如くして、織田に内応した南條の勢力に歯どめをかけた偉勲は、杉原盛重に負うところが多かった。

南條氏の拠っていた羽衣石城は、正平二十一年（一三六六）南條貞宗の築城したもので、関ヶ原の役後、元忠（元続の子）の時領地を没収され、羽衣石城は二百三十四年にして廃城となった。大永の五月崩れ（一五二四）の時、羽衣石は尼子の猛攻を受け、当主宗勝は因幡・但馬と流浪の運命にあったが、毛利氏からその旧領を恢復してもらった。そういう因縁により、毛利氏に帰属していたのである。天正三年（一五七五）十月宗勝が死んで、元続が家を継ぐようになると、元続はその異母弟である小鴨元清と共に誓紙を元春に捧げ、毛利に忠誠を誓っていた。元春もまた元続を愛し、吉川経久の女をわが養女として彼に嫁がせていた程である。それが何故毛利を裏ぎるようになったか。その頃、尼子の豪族で一旦毛利に降参していた福山次郎右衛門尉茲正《これまさ》は、元続にすすめて信長に内応させたのである。この時伯耆に在陣していた山田重直は、これを遺憾とし茲正を殺して、元続に毛利に味方する様すめたが、元続はこれを聞かなかった。よって元春から猛攻を受けて遂に追放されるに至ったのである。その後天正十年になって、豊臣・毛利の間に和議が成立したので、元続は名実ともに伯耆四郡の城主として安定したが、天正十九年（一五九一）元続の死を境として衰運をたどり、その子元忠の時領地没収となったのである。

盛重の死んだ正確な年齢は不明である。吉川経家の死守していた鳥取城が、豊臣秀吉の猛攻によって落城したのは天正九年（一五八一）十月二十四日である。その頃、盛重は尾高泉山城は嫡子元盛にあずけ、自分は八橋《やばせ》城（鳥取県琴浦町）にいたが、そこで病気になって死んだ。鳥取城が落ちてから二カ月後、天正九年（一五八一）十二月二十五日であった。盛重が死んでから僅か二年後、元盛・景盛の兄弟（盛重の実子ではなく行松正盛の実子）は、相争って尾高城も八橋城も共に元春の手によって没収されてしまったのである。

## 小笠原長雄【おがさわら-ながかつ】

永正十七年（一五二〇）—元亀元年（一五七〇）

小笠原氏は甲斐源氏の後裔で、始め阿波の守護となって彼地に居住していたが、小笠原長親はその所領が石見国川本（邑智郡）にあった関係で、阿波からこの地に移住し、小笠原長氏の時、初めて温湯《ぬくゆ》城（島根県川本町）を築城し、その十代の後裔小笠原長雄《ながかつ》（弾正小弼）に至り、勢力最も旺盛を極めるに至った。長雄は長徳《ながのり》の子である。

永禄元年（一五五八）二月上旬、吉川元春は父元就の命を受け、将兵一千余を統率して新庄（元春の本拠地で広島県北広島町にある）を出発して、出羽《いづは》（島根県邑南町）に進軍してそこに駐屯した。この時出羽二つ山城主出羽元実・音明《おとあけ》城主（乙明城、江津市本明）福屋隆兼等は、逸早く兵を率いて元春を迎えたが、温湯城主小笠原長雄は須佐高矢倉《たかやぐら》城（出雲市）将本城常光と連絡して、尼子晴久の援軍到着までは動かない事を約した。やがて晴久の部将牛尾幸清・宇山久信・湯惟宗等総勢五千余騎が来着したので、本城・小笠原の二隊は二月二十七日出羽表に出動して元春軍と交戦した。尼子の先鋒本城常光・小笠原長雄が猛進して柵を乗り切らんとすると、先に毛利に降っていた福屋隆兼・隆任の父子は、奮戦して一旦はこれを撃退したが、尼子軍の部将牛尾幸清・宇山久信・湯惟宗等が大挙して元春の本陣に迫って来る。これを元春が撃退すると本城常光が再び反撃する。かようにして一進一退を繰り返しているところへ、備後の神辺城（福山市）から来援した杉原盛重が側面から猛攻を加えたので、流石の本城・小笠原の両軍も遂に敗走せざるを得なくなった。

温湯城には小笠原長雄と尼子の援軍が立て籠もり、これを守備していたので、永禄元年（一五五八）五月二十五日、元就はこれを包囲して猛攻撃を開始した。城将小笠原長雄はこの包囲線を突破する力も今は尽き、尼子の援軍も頼み少なくなったので、毛利に降参を願い出たが元就はこれを許さず、城の運命もいよいよ急を告げる事となった。

この実状を聞いた尼子晴久は、七月五日自ら八千の大軍を率いて石見に入り、江の川の対岸に着陣したが、折柄水かさが増していた為これを渡ることが出来ない。やむを得ず晴久は、毛利に降参した福屋隆兼の居城川上《かわのぼり》の松山城（江津市）を攻めて、本陣を此処に移し機を見て筏舟を作って川を渡り、温湯城を救わんと考えた。いよいよ松山城の攻撃に着手したが、吉川元春・熊谷信道などが来援に駆けつけたので、尼子軍は却って大損害を受け、七月十九日にはその包囲を解いて温湯津《ゆのつ》に向かい、それから大田に向けて退却してしまった。

小笠原長雄は頼みにしていた尼子援軍の望みも今は全くなくなり、糧食もいよいよ底をついてきたので、八月下旬小早川隆景を介して降参を願い出た。元春や隆景はこの際一挙に温湯城を攻め落とし、小笠原氏を攻め滅ぼして仕舞うのが得策だと主唱したが、元就は反ってこれに反対し、長雄の希望を入れて降参を許した。かくして温湯方面の旧領はこれを没収して元春に与え、長雄は同国の甘南備寺山城《かんなびじやまじろ》（江津市）に隠居させ、大田のほかに伊田・波積（共に邇摩郡、これは従来福屋隆兼の領地であった。）を与え、福屋隆兼には邇摩郡内でその替地を与えることにした。長雄は深くその恩遇に感激し、その後永く忠良なる部下として毛利氏に忠誠を捧げるに至ったが、その後の動静について、富田城との関連資料が乏しい。

## 本城常光【ほんじょう・つねみつ】

生年不詳―永禄五年（一五六二）

本城常光（経光ともあり）の出自は明瞭ではないが、藤掛城（島根県邑南町）主、高橋師光の後裔と言われている。高橋氏はのち藤掛城より本城（邑南町）に移り、姓を本城と改め、その全盛期には安芸国高田・山県両郡・備後国比婆郡にかけて領地を拡大するに至った。尼子経久全盛の頃はその傘下に加わり、三沢為清・三刀屋久扶等と共に肩を並べて活躍した。晴久の頃には須佐高矢倉（出雲市）の城主となっており、永禄元年（一五五八）二月、吉川元春が石見に進攻して来た時には、温湯城《ぬくゆ》（島根県川本町）主小笠原長雄と協力し、二月二十七日出羽表（邑南町）に出動して元春と戦い、しばしば尼子方が敗戦したにも拘らず、敗兵を激励して反転し戦運の挽回をはかった。しかるに備後神辺城（福山市）から杉原盛重が来援するに至って、本城・小笠原の兵はその猛攻に堪えず、敗走してそれぞれの家城に引き返すこととなった。

弘治二年（一五五六）三月、吉川元春は大森銀山を尼子氏の手より奪い取り、毛利の領有とすると、さきに毛利に降服していた刺賀《さすか》長信・高畠遠言《とおのぶ》の二人に城を守らせていた。この大森銀山は本城常光の居城須佐高矢倉よりは程遠くはなかったので、常光は機を見て、これを奪還しようと考えていた。

永禄元年（一五五八）三月常光は銀山奪還の手始めとして、兵を別府（島根県美郷町）に伏せ、銀山山吹城に輸送する糧道を遮断すると共に、商人に命じて米穀・蔬菜等の供給を厳禁させたので、城内の兵は非常な苦境に陥ることとなった。これを見た元春麾下の勇士、二宮杢助以下十八人の決死隊は、常光の伏兵を襲撃してこれを敗り、食糧を城内へ運ばせる目的を見事に達した。

此の頃、尼子晴久は毛利軍によって包囲されている小笠原長雄の危急を救わんとして、富田城を出陣したが、折からの増水に江の川を渡ることが出来ず、作戦を変えて温湯津《ゆのつ》（大田市）から大田（大田市）に転じ、先陣を河合堂の原（大田市）に進め、銀山への通路を遮断すると共に、銀山城に攻撃を加えた。銀山城（山吹城）にいた刺賀長信・高畠遠言は急を元就に告げたので、元就は自ら北池田（大田市）に出陣し、銀山附近に屯営していた宍戸隆家・山内隆通・佐波隆秀等に命じ、尼子軍の掃蕩を図らしめた。よってこれ等の兵力は尼子軍と忍原《おしばら》（大田市）で合戦することとなったが、この戦闘は毛利軍の大敗北となった。これが「忍原崩れ」と称するもので、これによって毛利軍の銀山救援は不成功に終った。

八月上旬になって毛利軍は、佐波隆秀等と協力して銀山城を救わんとしたが、これも成功せず、城将刺賀長信・高畠遠言の二人は万策尽き、九月三日温泉津の海蔵寺で自刃したので、銀山城は陥落して再び尼子の有となった。この時本城常光は入城してかねての念願を達したのである。

当時、大森銀山からは良質の銀鉱を多量に採掘していたので、これを尼子の手から奪還することは、毛利の軍費補給上から見ても絶対に必要だったので、元就は万難を排して目的達成に邁進することを決意した。しかし城将本城常光は天嶮の地の利に防備を厳重にしていたので、これを落すことは容易ではなかった。元就は一旦攻撃を中止して、祖式友兼の居城である祖式《そじき》（大田市）に退き、数日間逗留していたが、一応安芸に帰陣することとした。

銀山城を守備していた本城常光は財力もあり、その上数人の男子は何れも驍勇の誉れが高かったので、元就も武力をもって之を征服することは困難だったので、元春と相談の結果、利をもって之を懐柔するに如《し》かないと思い、須佐高矢倉（出雲市）のほかに銀山と大原郡（雲南市）に於て、相当の土地を与える事を条件に毛利に味方することを申し送った。

利にさとい常光は元就の申し出でを受け、永禄五年（一五六二）六月遂に尼子に背いて毛利に降り、二男大藏左衛門を人質として吉田に送ると共に、富田にいた嫡男太郎左衛門も術策をもって巧みに富田を脱出させ、銀山に連れ戻したが、後、吉田に行かせて毛利氏に帰属させた。しかるにその後に於ける常光の行動態度には、極めて憂慮すべき点が多かったので、元就は彼は到底毛利に属して忠節を尽す人物ではないと考えたので、折を見て一門を滅ぼし、後患を絶つ事を決意するに至った。

これを実行に移そうと決意したのは、永禄五年（一五六二）七月二十八日、元就が赤穴に進駐して、出雲に第一歩を踏み入れた時である。（元就が出雲に進入し赤穴に着陣したので、永禄三年（一五六〇）十月上旬と陰徳太平記にはあり、本城越中守常光が元就によって誅せられたのは、永禄四年（一五六一）十一月五日とあるが、瀬川秀雄博士の『吉川元春』には永禄五年〈一五六二〉十一月五日とある。）その時、元就は常光討伐の事を元春に命じた。命を受けた元春は準備を整え、永禄五年（一五六二）十一月五日の朝、粟屋源三・二宮杢助等数人を携え、常光の陣営に突入してその罪を責め、自殺をせまったが反抗したので、二宮杢助は常光を組み伏せ、小早川隆景の部下井上春忠がその首をあげた。続いて今田経高・吉川経家等は常光の二子兵部大輔並びに四郎次郎を殺し、人質となって宍道にいた二男大蔵左衛門尉は山県越前守等に攻められて殺された。津賀（島根県美郷町）の興宅寺にいた嫡男太郎左衛門は、天野元定によって殺され、その他一族郎党悉く殺され、その数千三百余人に及んだが、乳母に抱かれて逃げた当時三歳の五男弥左衛門だけは、危く死を免れたという。（瀬川秀雄博士『吉川元春』による）これ等によって見ても、元就の行った本城一門に対する粛正は、余程徹底したものであり、これを動機に一旦毛利に投降していた雲伯の勢力が、再び尼子方に寝返る副作用を起こしたが、それ等の事はすべて予測の上で、元就としてはこの際思い切った英断に出たものである。

## 湯原宗綱【ゆばら・むねつな】

生年不詳―天文九年（一五四〇）

天文九年（一五四〇）九月尼子晴久が吉田郡山城（安芸高田市）を攻めた時、小早川興景（竹原）は坂・豊島方面の戦いで尼子の将湯原宗綱と激戦を交え、この戦闘で湯原宗綱は遂に戦死した。この時戦死した湯原氏を、瀬川秀雄博士の『吉川元春』には湯原宗綱と誌してあり、『雲陽軍実記』には湯原二郎左衛門幸宣と出ている。甲田町（安芸高田市）文化財保護委員会では、湯原弥二郎として「池の内古戦場と切腹岩」と題し、次の如く述べている。

天文九年（一五四〇）六月尼子軍は郡山城攻略を企て、三次《みよし》路を経て深瀬（安芸高田市）まで来攻したが、宍戸・深瀬両氏に阻止せられ大敗し、同年九月二十三日軍路を変えて川根路を経、多治比（安芸高田市）風越山に進軍、後、吉田青山三塚山（『雲陽軍実記』には三猪山とあり）に本陣を移し郡山と対陣した。同年九月二十六日尼子の部将湯原弥二郎は、手兵千五百を率い坂（安芸高田市）・戸島（豊島）の攻略を企て、これに軍を進めた。時すでに坂には小早川興景が屯営しており、また大内氏の援軍杉元相《もとすけ》も坂に到着したので、尼子軍来襲の報を聞き、直ちに部署を定めて之に応戦した。一方、郡山では粟屋元良等を将として尼子軍を挟撃したので、尼子軍は徹底的な打撃を受けて、池の内まで敗走したが、追撃は益々急を極め、今は残兵も残り少なくなり、日も暮れ近くなったので、温原弥二郎は馬上にて馳せ廻っているうち、稲の深田に落ち込み、進退に窮し、遂に岩上にて切腹して果てた。よってこの岩を切腹岩と称している。岩上が赤褐色に色づいているのは、切腹した時の血に染まったものだと言い伝えている。（昭和四十九〈一九七四〉年、甲田町文化財保護委員会）

湯原の系図によると、湯原三河守喜信《よしのぶ》は嘉吉の戦功によって新たに秋鹿郡（松江市）の地を賜ったが、その孫豊前守信綱は大永元年（一五二一）尼子経久に属し、同七年島根郡佐陀江《さだえ》（松江市）に一城（満願寺城）を築き、伯耆時山を嫡子弥次郎宗綱に譲ったが、宗綱は後島根郡に帰って満願寺城に住んだ。（宗綱は天文九年〈一五四〇〉吉田で戦死）宗綱の子右京進春綱は、永禄五年（一五六二）元就が洗合城に入った時毛利に降参した。その後、永禄十二年（一五六九）尼子勝久が出雲に進入すると、湯原の親族米原平内兵衛綱寛は尼子に下ったが、春綱は依然として元春に属していた。満願寺城は島根半島水陸両面の要衝だったので、元亀元年（一五七〇）十月勝久に味方している奈佐日本之《やまとの》助《すけ》・山本丹波等は、隠岐の海賊船五千余艘をひきつれ、十月二十二日の夜陰に乗じて攻めかけて来た。春綱は水練の達者であったので、湯原彦四郎を伴い、二十二日夜尼子方の大将山上丹波守の乗船目がけて忍びより、船尾を破って磯辺へ引寄せ、火をかけて焼き立てたので、流石の奈佐日本之助も敗軍した。さきに尼子復興軍は安来十神山城で敗れ、更に本庄の下葉崎城で敗れ、満願寺城も奪回が出来ず、宍道湖・中海の海上権を毛利に奪われてしまったのである。

満願寺城は喜信・その孫信綱・その子宗綱から春綱・

元綱を経て更に又左衛門元経と五代にわたり住んでいたが、後、毛利氏が防長に引き移った時、周防国熊毛郡小周防四百七十石に移った。（参考谷口廻瀾『山中鹿介』）

以上によって見ると、天文九年（一五四〇）吉田で戦死したのは瀬川秀雄博士のように湯原宗綱であり、甲田町文化財保護委員会の温原弥二郎とは、湯原弥二郎宗綱のことである。従って永禄五年（一五六二）毛利に降ったのは宗綱の子春綱であり、元亀元年（一五七〇）十二月の満願寺城の戦いも矢張り春綱であったことがわかる。

## 福屋隆兼【ふくや・たかかね】

生没年不詳

福屋隆兼は音明城《おとあけ》（乙明城、江津市本明）主であったが、永禄元年（一五五八）二月、吉川元春が石見に進出した時、逸早く元春の軍門に降り、尼子の先鋒本城常光・小笠原長雄等が、出羽（島根県邑南町）に駐屯している元就の陣地に攻撃を加えた時、隆兼・隆任の父子は奮戦してこれを斥けた。

小笠原長雄が毛利に降った時、元就は隆兼の領有であった井田（大田市）・波積（江津市）の両地を割いて長雄に与え、隆兼には別に邇摩郡内で替地を与えたが、この事は隆兼にとっては極めて不平で、憤懣《ふんまん》の情禁じ得ざるものがあった。たまたま小笠原長雄の家臣が小早川隆景の派遣した検使と共に井田・波積に入って来ると、隆兼は窃《ひそ》かに兵を出して之を防害すると共に、彼等が所持していた武器・武具の類を奪い取る等の事をしたので、隆景は兵を出して隆兼を懲《こら》しめんとしたが、元就は石見征服が未だ終らないうちに事を起こすには不得策であるとして、長雄と隆兼には互いに誓書を交換させ、兄弟の誼を結ばせて和睦をはかる事とした。

しかし、隆兼の毛利氏に対する不満の情は容易に釈《と》けそうにもなかったので、元春はこれを憂え、隆兼にはその子次郎を人質として毛利氏に差出すべきことを勧めた。隆兼はこれを承諾し、その子を人質として送ると共に、自分の名代として家臣神主越前を吉田（安芸高田市）に派遣した。しかしこの時、隆兼は鰐走《わにばしり》城（大田市）主牛尾久清や湯惟宗等尼子の援助を受けて毛利氏に反旗を飜し、永禄四年（一五六一）十一月、吉川経安の守っていた福光城（大田市）を襲撃したが、これは経安の奮戦によって却って斥けられた。

この急報に接した元春は、宍戸隆家・熊谷信直等を連れて大田の市に進出し、同時に元就もまた部下を連れて川本（島根県川本町）に出陣し、呼応して福光城に声援を与えた。これによって隆兼は、十一月中旬福光城の囲みを解き、川上《かわのぼり》松山城（江津市）に退き、湯惟宗もまた自分の在所である温泉津《ゆのつ》に帰着したので、元春は宍戸隆家・福原貞俊等と協力して、隆兼の属城中の村城（邑智郡）を包囲して之を陥れた。この時、城主神主康之は囲みを破って矢上勝平の守っていた矢上城（島根県邑南町）まで逃げたが、元春は続いてこの矢上城も陥れ、更に永禄五年（一五六二）二月四日には、福屋隆任《たかとう》（隆兼の子）の守っていた川上松山城を攻め、城将福屋隆任を斬って城を陥れた。

これより前、福屋隆兼は吉川軍が石見に出動している隙に、元春の本居地、安芸新庄（広島県北広島町）を襲撃したが、新庄日山《ひのやま》城の留守居の大将森脇和泉守は、福屋氏の兵を大隊（山県郡）に破って大勝したので、元春の大軍をこの方面に牽制しようとした隆兼の計画は、全く水泡と化した。元就は隆任の首を父隆兼に送ると共に、隆兼の本城音明城（乙明城）攻略のために、元春を先鋒に自分は隆景と共に阿登《あと》の市（江津市跡市）に向かって発進した。

この急報に接した隆兼は、一族老臣と協議を重ねてみたが、中村・松山両城はすでに陥落し、一子隆任を始め一族老臣の戦死者も相当多く、士気も阻喪していたので、これ以上の抵抗は無理と諦め、七日夜ひそかに城を脱け出し、一旦浜田の細越《ほそこえ》山に遁れたが、元春の追撃が急だったので、浜田の浦から船に乗り、出雲に逃れた。この時すでに尼子も衰運に向かっており、義久の庇護も受けられなかったので、大和に逃げて松永久秀の信貴《しき》山城（奈良県平群町）に隠棲したが、その後蜂須賀家政の家臣となり、阿波の渭津《いのつ》城（後の徳島城）に於て晩年を過ごした。福屋隆兼は立原久綱の女婿であったので、久綱は隆兼を頼って阿波に渡り、慶長十八年四月二十六日天寿を全うして渭津城で死んだ。

## 南條宗勝【なんじょう・むねかつ】

生年不詳―天正三年（一五七五）

南條氏の系譜については、羽衣《うえ》石《し》南條記・南條民語集・伯耆民談記等に記されているが、それ等は何れも江戸時代中期以降に作られた書で、南條宗勝を始めその一族の活躍した戦国時代の記録は、余り多く伝えられてはいない。「羽衣石南條記」によると、南條氏の祖南條貞宗は、塩冶判官高貞の第二子とし、貞治五年（一三六六）河村郡埴見荘羽衣石（鳥取県湯梨浜町）に城を構えたということになっている。そうだとすれば、南條氏は近江源氏佐々木の末流塩冶氏で、伯耆南條氏はその一統ということになる。（日置粂左衛門『山陰武将』）貞宗以下の南條氏の略系を記せば次の如くである。

南條氏略系

貞宗―景宗―二代―宗貞―宗春（皓）
- 宗勝（宗元）
  - 元続（勘兵衛尉）
    - 夭折（長男）
    - 元忠
    - 宗次
  - 元清（小鴨左衛門督）
  - 元秋
- 信元―元周

大永四年（一五二四）四月、尼子経久は日御碕社修造の為、出雲・隠岐・石見三国及び伯耆三郡（会見・日野・汗入）に棟別銭（家屋の棟数別に課した臨時税）を徴した。これによって見ても、大永年間伯耆地方の国人は多く尼子勢力下にいた事がわかる。「大永の五月くずれ」と伝えられる争乱は、尼子経久が伯耆に侵入した時の事で、それは大永四年（一五二四）四月であった。経久は大兵を率いて伯耆に入ると、米子城・淀江・尾高（以上米子市）・天満《てま》（鳥取県南部町）・不動ヶ岳（鳥取県日野町）を次々に落とし、進んで東伯耆に入ると、八橋《やばせ》（鳥取県琴浦町）・岩倉（倉吉市）などの諸城を破り、南條宗勝の羽衣石城も陥れた。この争乱は伯耆の守護山名氏の領国統制が失なわれ、国内諸勢力の分裂動揺が続いていたのを契機として、比較的短期間のうちに尼子経久の伯耆攻略が成功したものである。その後、経久は羽衣石城には尼子国久、河口城（鳥取県湯梨浜町）には国久の二男誠久、尾高・八橋には吉田筑前守兄弟を入れて、伯耆西三郡の支配に当らせた。（伯耆民談記）かくして尼子氏による伯耆領有は、大永より天文末年まで及んだのである。

天文九年（一五四〇）八月十日、尼子晴久が元就討伐の為に吉田（安芸高田市）に発向すると、伯耆の反尼子諸勢力は、千載一遇の好機として一斉に蜂起した。この背後には、因幡山名氏の応援があったのである。事態を重視した遠征中の尼子氏は、一族協議の上、尼子国久を帰国させ、因幡・伯耆の時局拾収に当らせる事とした。芸州から帰国した国久及び長男豊久（瀬川秀雄博士は二男とあり）は、直ちに羽衣石城に入り、吉田左京亮兄弟は橋津（鳥取県湯梨浜町）の渡口の押えとして八橋城に籠もらせた。天文九年（一五四〇）八月十九日、尼子に対抗する因伯の兵七千騎は、伯州馬の山（鳥取県湯梨浜町）に着陣、ここで軍勢を二手に分け南條宗勝等二千余騎は橋津口に向かったが、これに対抗して吉田兄弟は対岸に布陣、橋に備えを固めた。吉田左京亮は南條勢と渡り合い、二度までも兜を突かれたので退却し始めると、勢いを得た南條勢は一度に橋を渡って進出しようとした。この時、橋桁が真中から折れたので、宗勝始め三百余人一度に川に落ち込んだので、多くの溺死者を出したが、豊後守宗勝は水練の達者だったので、泳いで海上に逃れ、漁船に助けられて九死に一生を得た。この戦いで、尼子軍は南條方の主将武田山城守を討ち取って勝利を収めた。国久の子兵部大輔豊久は、天文九年（一五四〇）十月九日、橋津川で戦死したので、尼子の損失もまた大きかったが、尼子の伯耆支配はゆるがず、南條宗勝にとってはまだまだ苦難の時代であった。

永禄五年（一五六二）九月二十七日、佐陀江満願寺城の湯原春綱が毛利に降参した時、同時に降参した人等の中には、高瀬城（出雲市）主米原綱寛・尾高泉山城（米子市）主行松入道・堤城（米子市）主山田重直・岩坪城（会見郡）主日野孫右衛門・江美城（鳥取県江府町）主蜂塚右衛門尉等の人々があり、羽衣石城主南條宗勝もまたその一人で、山陰道の形勢は毛利氏優勢となっていた。（瀬川秀雄『吉川元春』）

永禄七年（一五六四）六月、出雲国内に於ける尼子氏配下の諸城は、大方毛利軍によって攻略せられ、富田城（安来市）の必要物資は因伯方面から補給を仰がねばならなくなった。この事は伯耆の民衆中には未だ多く尼子に味方する者が多かったことを示している。よって元就は備中松山城（高梁市）主三村家親に命じて伯耆に出動させ、香川光景等と共に日野不動坂（鳥取県日野町）に陣取らせて暴動を鎮圧させた。この時、二将に協力して功のあったのが南條宗勝であった。

永禄八年（一五六五）四月十七日、富田城三面攻撃の際、南條宗勝は小早川隆景の部署に属し、米原綱寛・杉原盛重等と共に、尼子秀久・目黒惣兵衛・宇山飛騨守等の守備している菅谷口に向かい、烈しい戦闘を行った。永禄八年（一五六五）大江城（鳥取県日野町）には吉田左京亮の嫡子吉田源四郎（十二歳）が、福山肥後守と共に籠城し、頑強に毛利軍に抵抗していた。元就の命を受けた三村家親は、香川光景と協力して大江城を攻め、これを陥落させたが、福山肥後守は源四郎を助け、一方の血路を開いて富田城に逃げて行った。富田城では大江城の陥落を聞いて、これを取り返そうと、秋上庵介・本田与次郎等が三千人で夜襲を試みたが、家親の猛烈な反撃にあい、秋上庵介等は富田へ逃げ帰った。この後、三村家親は法勝寺城（鳥取県南部町）に帰り、その後には南條宗勝の部将山田越中守等六百人が入城して守備にあたる事になり、富田城は孤立無援の状態となったのである。

元亀元年（一五七〇）十月、元就が郡山城で病気になると、輝元は小早川隆景を伴って帰国した。尼子はこの機に乗じて一気に衰勢を挽回しようと、同年十月十日、新山の本営を出て末次城を攻撃した。城将河口久氏・小鴨四郎次郎は寡兵をもって能く抵抗したが、一方、急を元春に告げて来援を乞うた。この時、元春の命を受けて出動した部隊は、杉原盛重・三刀屋久扶・三沢為虎・益田藤包《ふじかね》等の諸将がいたが、南條宗勝の伯耆勢も参加し、尼子勢を新山に後退させることに成功した。また、元亀元年（一五七〇）尼子勝久の兵は、伯耆岩倉城（倉吉市）を攻撃した。城番山田越中守は南條宗勝重臣の一人だったので、宗勝は敗北した越中守を救い、尼子の伯耆進出を未然に防いだ。

天正初年（一五七三）頃になると、因伯の争乱は一応終って、毛利領の東端地域として認められ、宗勝は羽衣石城にあって東伯耆を領有した。宗勝の活躍した時代は、天文・永禄・天正初年に亘ったが、この間に於ける因伯の状勢は、伯耆守護山名氏の衰退、尼子氏の進入と敗北、毛利氏の進出と、伯耆一国の支配者は、目まぐるしい興亡と争乱に明け暮れた。その間にあって南條宗勝は、伯耆の諸勢力を糾合して尼子氏に対抗し、遂に毛利氏に帰属して伯耆を安定させ、豊臣政権下に及んで大名に成長したのである。

元亀元年（一五七〇）宗勝は家督をその子勘兵衛元続に譲り、隠居の身となった。天正三年（一五七五）春、宗勝は出雲富田城に出仕して元春に謁見し、それより杵築大社へ参詣して、帰りに大山に登り、泉山城（尾高城）に寄って西伯耆の雄杉原播磨守盛重の歓待を受けた。ところが帰路の途中発病し、羽衣石へ帰った後、五体悩乱して治療の効なく一生を終った。七十余歳であったといわれる。（伯耆民談記）宗勝は臨終に及んで、嫡子元続《もとつぐ》（智勇兼備の武将、吉川元春に属し度々戦功があった）・二男元清（小鴨家を継いだ左衛門尉元清）・三男元秋（九郎左衛門）等一族を近づけ、「杉原盛重には心を許してはならない。また毛利家に対して等閑《なおざり》の所存は夢々あってはならぬ。汝等は若輩であるから、杉原は漸々に毛利へざん言し、当家を滅亡させて伯州一円を兼領する陰謀を持っている様だ。」と遺言し、「この事は自分が死んだあとでも、一切他に漏らしてはならない」と念を押した（羽衣石南條記）。死後の情勢をも考えて、一族に策を授ける事を忘れなかった点、宗勝もまた戦国を生き抜いた武将の一人であった。

## 大内義隆【おおうち-よしたか】

永正四年（一五〇七）―天文二十年（一五五一）

大内義隆は大内義興の嫡子で、永正四年（一五〇七）山口で生まれた。幼名は亀童《きどう》丸といった。父の義興が享禄元年（一五二八）七月十二日、病のため五十二歳で死んだので、その後を継いだ。父の遺言を守り、毛利元就と交わりを結び、周防・長門・安芸・石見・備後・筑前・豊前の守護となり、大内氏の全盛時代を築きあげた。

その頃、出雲富田城にいて次第に勢力を広げつつあったのは尼子氏で、経久の時代になると、安芸・備後・石見方面にまでその勢力を伸ばし、大内氏の領土も尼子の勢力内へはいって行った。この間にあって、安芸に抬頭したのが毛利元就で、尼子氏とは姻戚関係（経久の妻は元就の妻の伯母である）にあったので、最初は尼子に従属していたが、元就が毛利の本家を相続した大永四年（一五二四）頃から、元就は尼子と絶って義隆と交わりを結ぶようになった、こういう情勢下において起こったのが、尼子晴久による天文十年（一五四一）の吉田郡山城への進攻であった。この時義隆は、大内の重臣陶隆房（後晴賢と改名）を安芸に送って援軍とした。一月十三日、隆房の主力軍は晴久の本営青山三猪《みつい》山を攻撃して、経久の弟尼子下野守久幸（義勝ともあり）を討ち取り、大勝を得たので、晴久は命からがら富田へ逃げ帰った。この尼子の大敗を見て、義隆は一挙に出雲を制圧しようと、天文十一年（一五四二）一月、山口築山《つきやま》の館《やかた》を出発した。今まで尼子に従っていた三沢・三刀屋・本城・山内・出羽・吉川等の武将は、袂を連ねて義隆に降参し、あまつさえ自分達が先導となって案内しましょうとさえ言い出した。陶隆房もまた好機逸すべからずと出雲遠征を奨めたので、義隆も遂に心を決め、天文十一年（一五四二）七月自ら大将となり出雲に侵入して来た。かくして義隆は富田城のま向かいにある京羅木山《きょうらぎ》（四七三メートル）に本陣を置き、経塚山・石原山等にはそれぞれ部将を配置して富田城を攻撃したが、富田城は複郭式山城の独立山である上に、外郭の周囲は二十メートルに近い断崖絶壁で取り囲まれていたので、これを攻略する事は容易ではなかった。八幡山に集結していた出雲の降将たちはこの様子を見て、到底大内軍に勝目のないことを知り、次々と寝返り、かえって大内軍を反撃したので、大将義隆は勿論、陶晴賢・毛利元就の軍勢は四分五裂となって退却を始め、揖屋《いや》（中の海の沿岸）から船に乗って逃げようとしたが、船が転覆して義隆の子義房（二十歳〈晴持〉）は溺死してしまった。この戦勝に乗じて、尼子晴久は頻りに失地を回復した。この頃、尼子の威信は、まだまだ保ち続けられていたのである。

　その後、義隆は安芸の地方に勢力を伸ばさんと、天文十七年（一五四八）陶隆房を大将として尼子に内応している神辺城《かんなべ》（福山市）主山名理興《たびおき》を攻めたが、要害堅固な上に将兵は決死の覚悟で籠城していたので、攻撃七年に及んでも城は落ちなかった。攻めあぐんだ攻め手の大将平賀隆宗も、天文十八年（一五四九）七月三日には陣中で死んだので、家来たちは主君の弔合戦として一層厳しく攻め立てた。流石の山名理興もこれにはたまらず、天文十八年（一五四九）九月四日の夜、富田城へ逃げて行ったので、神辺城も遂に陥落し、あとは杉原盛重が城を守ることとなった。

　元来、大内義隆は富貴の家に成長したので、武将としてよりもむしろ文化人としての傾向が強く、学芸を愛し、経典についての関心も高く、「一切経」を朝鮮に求め、山口版・大内版という書物も出版し、また京都や朝鮮・明などの文化を取り入れたので、当時山口は京都をしのぐ繁栄を示していた。また一面遊芸に溺れることもあったので、陶隆房（のち晴賢）はしばしばこれを諫めたが聞き入れず、却って隆房の所領を取りあげようとさえした。そこで隆房は、先手をとって義隆を亡ぼそうと考え、天文二十年（一五五一）八月二十八日、挙兵に踏みきり、部下の名将江良房榮《ふさよし》などを防府口から山口に進入させた。義隆は大いに驚き、築山の居館を捨て、ひと先ず北山の法泉寺に逃れたが、その夜更に仙崎（長門市）に落ちて行った。義隆父子（嫡子は義尊《よしたか》）はここから船で石見に亘り、津和野の吉見正頼（政頼の妻は義隆の姉であった）を頼んで再挙を図ろうとしたが、北風が強くて船が出されなかったので、深川《ふかわ》（長門市）の大寧寺にたどり着いた。その頃、隆房は家臣連合軍の体制を完全に造りあげていたので、義隆には一縷の望みさえもなくなっていた。

今は是までと覚悟を決めた義隆は、住職の説法を聞き、まっ先に自刃して果てた。時に天文二十年（一五五一）九月二日、義隆は四十五歳であった。義隆の子義尊を初めとする一行も、それぞれ自刃したり、捕えられて斬殺され、栄華を誇った大内氏の正統はここに全く滅んだ。大内氏は南北朝の始め頃貿易で得た巨富をかざし、京都政界と結び、俄かに抬頭してきた西国きっての豪族であったのである。

## 陶晴賢【すえ・はるかた】

大永元年（一五二一）―弘治元年（一五五五）

陶晴賢は大永元年（一五二一）一月、陶興房の二男として生まれた。初めは隆房《たかふさ》となのっていたが、大内義隆討滅後晴賢と改め、剃髪してからは全彊《ぜんきょう》と言った。大内氏の家老で、大内氏の勃興に尽くした功績は大きく、天文十七年（一五四八）四月には従五位上に叙せられた。当時、大内氏は周防・長門・豊後・筑前等の国々を領していたが、出雲の尼子とも対抗して、石見・安芸・備後方面にも着々としてその勢力を伸ばしつつあった。

尼子氏を相手に戦ったのは、尼子晴久が吉田郡山城に攻めて来た時、毛利氏を助けて晴久と戦い、また大内義隆が富田城に尼子を攻めて来た時、その主将となった時との二回である。天文九年（一五四〇）十一月、尼子晴久が芸州吉田郡山城を包囲したという報に接した大内義隆は、直ちに陶晴賢に命じ援軍を安芸に向かわせた。天文九年（一五四〇）十一月二十六日、山口を出発した晴賢の援軍は、十二月三日吉田の里近くまで進軍して来たが、折ふし大雪だったので年の明けるのを待ち、一月十三日になって尼子晴久が陣を張っている三猪山《みつい》に攻撃をかけた。毛利軍は前方から攻めかかり、晴賢軍は後方から衝きかかった。この日の戦闘で尼子下野守久幸は、吉田勢の中にいた中原善右衛門の放った矢が眉間に中《あた》り、落馬して無念の最後を遂げた。かくして尼子軍が総崩れとなったので、晴久は翌十四日には陣地を引き払って退軍することとなった。この様子を見て、今まで尼子軍に味方していた三吉修理亮広隆・福屋治部少輔隆兼・三沢三郎左衛門為清・三刀屋弾正左衛門久扶・本城越中守常光・宍道遠江守正隆・河津民部左衛門久家等十三名の人々は、尼子から大内に寝返り、その上、義隆が出雲に攻め入るならば、我々はその先陣を承わろうとさえ言って来た。天文十年（一五四一）十一月十三日尼子経久も八十四歳で死んだので、晴賢は今こそ出雲進攻の絶好の機会と奨めたので、義隆も決心し、天文十一年（一五四二）一月十二日晴賢以下の将星を従えて、防州山口築山の館を出発した。道々安芸や備後の軍勢を集め、天文十一年（一五四二）三月の初め、石州出羽の二山《ふたつやま》（島根県邑南町）に陣し、石見勢を加えると、津賀《つが》の渡に船橋をかけて、全軍やすやすと江の川を渡り、赤穴《あかな》の城へ攻めて来た。この時、出雲の降将たちは大内軍の中にいたが、赤穴を守っていた赤穴右京亮だけは、固く義を守って尼子に味方していたのである。天文十一年（一五四二）七月二十七日の戦いで、右京亮は咽を射られて戦死し、また富田（安来市）から加勢に来ていた田中三郎左衛門も、その夜のうちに城内の人々を連れて富田へ逃げて行ったので、赤穴の城もとうとう落城の運命となった。かくして大内軍は、天文十二年（一五四三）一月二日宍道（松江市）の畦地山《うねじ》へ到着して、ここに陣を布くこととなった。この時、一挙に富田城の向かい城、京羅木山へ進出したが、よいかいなかについて軍議を凝らしたところ、元就は、

「月山（富田城）は堅固な城なので急に落すことは難しい。暫く此処で態勢を整えてから攻めた方がよい。」

と言ったが、陶晴賢や田子兵庫などは
「この勢いに乗じ、一気に陣を京羅木に進めた方がよい。」

と主張したので、二月十二日義隆は本陣を京羅木に進め、陶晴賢は経塚山に、田子兵庫は三沢・三刀屋・多賀・宍道等を連れて八幡山に陣をとり、元就は八幡山の西につづく宮尾台地に陣を取った。

合戦は二月十三日から始まり、各所で小競合の戦闘があったが、富田城はびくともしなかった。この様子を八幡山に陣取って見ていた出雲の降将達は
「これでは大内軍の勝利は覚束ない。」

と思ったので、再び尼子に寝返ることを相談し、四月三十日三沢為清が城内へ逃げ込んだのを追っかける様に、三刀屋久扶・吉川興経・本城常光等以下の降将達は次々城内へ逃げ込んでしまった。こうなっては経塚・京羅木・宮尾あたりに陣取っていた大内勢は総崩れとなったので、大将大内義隆は五月七日京羅木の陣地を引き払い、揖屋《いや》（松江市）から船に乗って引揚げることとなった。その時、義隆の子義房（晴持）は船が転覆して水死してしまった。義房（晴持）は義隆の姉の子で、実父は大納言一条房家である。三歳の時から義隆の養子となっていたが、僅か二十歳で死んでしまった。文武とも勝れた大将だったので、その早死は大内家にとって暗影を投げかける事になった。

五月八日陶晴賢は、馬潟《まかた》から白潟《しらかた》（いずれも松江市）へ向かって退却し、元就は駒返りから大庭《おおば》を通り出雲郷《あだかえ》（いずれも松江市）に出て来て、晴賢軍と同士討をする等、混戦乱戦を繰り返しながら石見に逃げて行った。その後、晴久は頻りに失地を取り返し、八カ国の大守としてその勢威を保ち続けることなお十年に及んだのである。

元来、大内義隆は武将というよりもむしろ文化人として勝れていたので、家来のうちでも文治派の者を重用し、武断派の晴賢は兎角疎外され、領地までも削られそうになったので、これを恐れた晴賢は、機先を制して義隆を攻め、その一族を滅ぼしてしまった。しかしこの時、毛利元就は形勢を見て自重していたが、天文二十三年（一五五四）三月、晴賢が石州津和野城主

吉見正頼征伐のため石州へ出征すると（吉見正頼の妻は大内義隆の姉であったので、正頼が晴賢に叛いたからである）、元就はその留守を狙い、晴賢打倒の兵をあげた。先ず佐伯郡佐東の銀山城（広島市）を攻めてこれを落すと、疾風の如く南進し、己斐《こい》城（広島市）・草津城（同）を抜き、続いて桜尾城（廿日市市）を手に入れた。郡山城を出てから僅か三日間であった。迅速果敢な元就の行動を見て、晴賢は大いに驚き、八月になると吉見正頼と和を結び（この時城中の兵糧はすでに尽きていたので、正頼はやむを得ず和に応じた）、宮川房長に三千の兵を与えて桜尾に近い折敷畑《おしきばた》山まで進軍させると、その軍団はすでに七千に膨れあがっていた。これを見た元就は、

「敵は長途の行軍で疲れている。陶の本隊が来ないうちに一挙に勝敗を決めよう。」

と、敵状を細かく偵察させ、着陣の翌日暁をねらって奇襲し、宮川房長を討ち取って大勝利を納めた。

晴賢の家来に江良房榮《ふさよし》という名将がおり、その頃岩国に陣していた。元就はこの名将がいたのでは、晴賢と戦っても勝利は覚束ないと思ったので、間者を放って江良が毛利に内通している噂をばら蒔いたが、晴賢も凡将ではなかったのでなかなか信用しなかった。元就は密かに江良の書簡を手に入れ、右筆に命じてその筆蹟を真似させ、毛利に内通する房榮の書面を書かせ、しかもその書面が晴賢の手に入る様工作したので、晴賢も遂にその手にのり、万一の事を考えて房榮を殺してしまった。かくして元就の謀略第一段は見事に命中したが、その第二弾は晴賢の大軍を厳島に封じこめ、奇襲作戦によって一挙にこれを撃滅することである。ここに元就一流の陽動作戦が展開される。まず厳島に築城を始め、ここが元就の本拠で、此処を占拠されたら元就は崩壊するという情報を陶方に吹きこみ、遂に晴賢の大軍を厳島に集結させる事に成功した。一方、小早川隆景をして村上水軍を味方に引き入れ、弘治元年（一五五五）九月三十日、折からの暴風雨に乗じて本土を離れ、陶の大軍が集結していた塔の岡の裏面にある包《つつみ》が浦に上陸、翌十月一日遂にこれを撃滅した。敗れた晴賢は七十人ばかりの手勢をつれ、大江浦

まで逃げて行ったが、海上はすべて毛利軍によって封鎖されていたので、そこで自殺した。時に晴賢は三十五歳の壮年であった。

# 補遺

## 山中幸久【やまなか-ゆきひさ】
生年不詳―長禄二年（一四五八）

尼子清貞の弟で五郎と言った。兄清貞の勘気を受けて雲州布部山（月山南方二里半）に蟄居《ちっきょ》していた。これが出雲山中の祖である。長禄二年（一四五八）一月十一日幽死。年五十五歳。法号大雲寺道真。

## 山中幸満【やまなか-ゆきみつ】
生年不詳―永正三年（一五〇六）

五郎幸久の子、十四郎とも言う。母は桜井尾張守為信の女。永正三年（一五〇六）五月三日卒、四十二歳。法号乗雲。

## 山中満盛【やまなか-みつもり】
生年不詳―天文七年（一五三八）

十四郎幸満の子、左京進。母は河副光氏の女。尼子経久が塩冶掃部介《かもんのすけ》を討った時、軍功があった。（雲陽軍実記に勘兵衛勝重とあるのは或はこの人か。）天文七年（一五三八）三月十日卒、年七十一歳。法号浄林。

## 山中満幸【やまなか-みつゆき】
生年不詳―天文十五年（一五四六）

左京進満盛の子、母は三沢土佐守の女。三河守。妻は立原佐渡守綱重の女なみ。子に甚太郎幸高と甚次郎幸盛があったが、天文十五年（一五四六）九月十日卒。年二十七歳。法号天海。

## 吉和義兼【よしわ・よしかね】

生没年不詳

清和源氏、源義家十九世の末裔。妻は山中幸盛の女八重姫（天正二年二月三日病死、法名徳蔭性大姉、墓地は安芸国草津（広島市）海蔵寺）。二子を生む。長を常佑《つねすけ》（範重ともあり）と言い、弥右衛門と称す。母の姓をつぎ山中氏と改め、安芸草津にいたが、後五日市（広島市）に移る。その十七世が山中鶴造、その子は三樹造、丸亀市通町住。義兼の二男孫兵衛幸元は備前岡山に移住、後大阪に転居して鴻池の祖となる。（吉和系図）

## 牛尾春重【うしお・はるしげ】

生年不詳—天正十四年（一五八六）

信州諏訪の士、中沢大蔵左衛門と言い、牛尾豊前守家寿《いえひさ》の養子となった。因幡戦線で幸盛と戦い、「牛は鹿よりも強い」と評された。その室は牛尾豊前守家寿の女（天正九年十月十七日卒、法名観良院殿実宮祖苗大姉）。春重は天正十四年（一五八六）十一月十七日卒。法名自徳院殿忠禅長興大居士。

## 牛尾大炊介【うしお・おおいのすけ】

生没年不詳

天正三年（一五七五）九月、因幡私部《きさいち》落城の折、森脇久仍・横道高光・横道高宗兄弟等と共に毛利に投降した。

## 亀井永綱【かめい・ながつな】

生年不詳—永禄九年（一五六六）

その先祖は紀伊の人で穂積氏といった。鎌倉時代、亀井六郎重清が佐々木源三秀義の女を迎え、佐々木源氏の一門となり、義清の時出雲に移った。永綱の時は出雲須佐城（出雲市）にいたが、後尼子経久に従いその重臣となった。その子に武蔵守安綱・二男新次郎利綱（天文元年経久・興久不和の際、八月八日末次城で討死）がある。安綱の子が能登守秀綱で、永禄九年（一五六六）三月二十日、伯耆弓ヶ浜竹内でその子清若と共に杉原盛重によって暗殺された。（因幡志）

## 湯永綱【ゆ-ながつな】

生年不詳—慶長九年（一六〇四）

近江源氏の裔、湯三郎と言い後左衛門尉となる。妻は多胡左衛門辰敬《ときたか》の女（慶長十一年十二月二十日卒、法名光厳寿清大姉）。その子が湯新十郎茲矩（弘治三年雲州湯の庄に生まれ、後鹿野城主となり、慶長十七年鹿野で没した。年五十六歳）である。永綱は慶長九年（一六〇四）一月二十七日卒、法名芳林善誉大居士（亀井系譜）。湯氏はその祖左衛門尉頼清から茲矩に至るまで十四世、雲州湯の庄にいて湯氏をなのった。

## 立原綱重【たちはら-つなしげ】

生没年不詳

佐渡守といった。山中幸盛の母「なみ」は立原佐渡守綱重の女とあり、源太兵衛久綱は幸盛の叔父とあるところより見れば、久綱は「なみ」の弟であった筈である。また源太兵衛久綱の兄は立原備前守幸隆（月山落城後、大西十兵衛高由等と共に義久に随行して安芸に下った）である。かく考えると立原綱重には、立原備前守幸隆・なみ・立原源太兵衛久綱の三子があったと考えられる。

## 横道政光【よこみち-まさみつ】

生年不詳―元亀二年（一五七一）

兵庫介という。永禄十二年（一五六九）六月、勝久出雲進入の時これに参加、元亀二年（一五七一）二月十四日布部山合戦の時、姪聟中井善左衛門に討たれた。二弟があって横道源助高光、横道権之允高宗といった。高光・高宗の兄弟は天正三年（一五七五）九月、私部《きさいち》落城の際、森脇久仍《ひさより》・牛尾大炊介《おおいのすけ》等と共に毛利に降った。

## 河本隆政【かわもと-たかまさ】

生没年不詳

大八と言う。二十歳の時、芸州吉田の合戦に陶隆房と戦い、組討ちした時深手を負い、不具者となったので、浄安寺（現在は城安寺という）の傍で閑居し、雲陽軍実記を著した。号を静楽軒と言い、天寿を全うして世を終った。

## 河本隆任【かわもと-たかとう】

生没年不詳

弥兵衛と言い、尼子の重臣である。永禄八年（一五六五）九月頃、牛尾豊前守家寿《いえひさ》が毛利に降参した時、佐世伊豆守清宗・湯信濃守惟宗も次々と降参したが。河本弥兵衛隆任もその一人であった。隆政の作った「雲陽軍実記」は、弥兵衛隆任が手記して子孫に伝えたものといわれている。これを考えると、隆任は隆政の子であったかも知れない。

## 高尾久友【たかお-ひさとも】

生年不詳―天文十年（一五四一）

豊前守と言う。歴戦して著名である。天文十年（一五四一）一月十三日、吉田の役に尼子下野守義勝（久幸）が討死した時、久友もまた戦死した。一族に高尾縫殿允《ぬいどのじょう》があり、その子に高尾右馬允《うまのじょう》があり、白鹿《しらが》城の攻防その他において、度々その名が出て来る武将であるが、元亀二年（一五七一）羽倉孫兵衛の米子城攻撃を最後に、その消息が不明となっている。高尾宗五郎（惣五郎）は高尾右馬允の弟宗兵衛と同一人か否かは不明。高尾宗五郎は義久お付の従者として安芸へ下った。

## 黒正久澄【こくしょう・ひさずみ】

生年不詳—天文十年（一五四一）

勘兵衛と言った。興久が山内大和守直道をたより逃げて行ったのを、理否をわけ説得して自殺させたのは勘兵衛久澄である。天文十年（一五四一）一月十三日、吉田の役に於て戦死した。

## 真木高統【まき・たかつな】

生年不詳—元亀元年（一五七〇）

宗右衛門と言う（一本与三右衛門或は惣右衛門ともあり）。勝久が出雲に進入した時、九州の大友宗麟に連絡の使者となったが、惜しくも石見灘で難船して溺死した。その弟が眞木与一で、布部山合戦には宇波の土居城から参戦したが、元亀元年（一五七〇）二月十四日、布部山で戦死した。墓は宇波小学校前方の丘腹にある。

## 本田豊前守家吉【もとだ・ぶぜんのかみ・いえよし】

生没年不詳

尼子の勇将で各地で転戦し、その都度その名が現われている。永禄九年（一五六六）月山落城まで富田城内にとどまり、義久が安芸へ捕われの身となった時には、その子の本田与次郎勝利《かつとし》と共に義久に随行して安芸に下った。一族に本田太郎左衛門の名も見える。これは豊前守父子と同様、義久に随行して安芸に下った。

## 岸左馬之進【きし-さまのしん】

生没年不詳

岸左馬之進は眞木上野介（真木城主眞木隠岐守の子）の弟とも言われ、弓の名手であった。永禄六年（一五六三）意東福良城（松江市）の佐久間入道が洗合に内通した時、秋上庵介久家は大将となってこれを攻めた。その時、岸左馬之進は一矢をもって佐久間入道を討ち取り武名をあげた。

## 福山茲正【ふくやま-これまさ】

生年不詳―天正四年（一五七六）

次郎左衛門と言う。伯耆八橋城主（鳥取県琴浦町）で常に尼子に味方し、各地に転戦したが、上月落城後は伯耆羽衣石《うえし》に赴き、南條元続《もとつぐ》（宗勝の子で伯耆守と言う）に身を寄せた。宗勝は元亀二年（一五七一）に死んだが、死に臨んで元続に遺言して、毛利の恩を忘れるなと言った。しかし茲正は元続に進めて、「今後は毛利を捨て織田につくのがよい」と言ったので、元続もその意見をいれた。この事は元春の知るところとなり、茲正は殺され、元続は元春に攻められて、羽衣石城は落城した。

## 羽倉元陰【はくら-もとかげ】

生年不詳―元亀二年（一五七一）

孫兵衛と言う。元亀二年（一五七一）三月十八日、米子城に福原元秀を攻め、勝に乗じて杉原盛重の領内まで進出したが、盛重の聟吉田肥前守に拒まれ、その家来岩田藤次郎のために討たれた。

## 馬田慶徳【まだ-よしのり】

生年不詳―元亀二年（一五七一）

元亀二年（一五七一）二月七日、平野加兵衛久基が討死した時、その弔合戦をしようと伯耆尾高（米子市）に討って出たが、毛利の武将高橋右馬允資高・檀上《だんのうえ》監物重行と戦い討死した。

## 加藤政貞【かとう-まささだ】

生年不詳―天正六年（一五七八）

彦四郎と言った。歴戦の勇士であり、尼子勝久に従って、天正六年（一五七八）七月二日、上月城落城まで出雲解放戦に戦いぬいたが、その日、尼子助四郎氏久を介錯して、氏久に殉死した。上月籠城の中に加藤新左衛門もいた。一族であるか否かは不明。

## 池田久親【いけだ-ひさちか】

生年不詳―天正六年（一五七八）

甚三郎と言った。陰徳太平記には久規《ひさのり》と出ている。上月落城まで勝久と運命を共にし、落城の際、主君勝久を介錯し、直ちに自刃して主君のあとを追った。上月籠城組の中に、池田助兵衛・池田縫殿允などの名が見えているが、これが久親の一族であるか否かは不明。

## 遠藤勘介【えんどう・かんすけ】

生没年不詳

尼子勝久の勇士で、震動雷電之助と自称し、上月落城まで尼子軍のために奮戦した。山中鹿介が上月落城後、尼子の諸士を退散させた時、与えた書状のうち、勘介に与えた書状は現存し、諸本に掲載されている。（注　書状の宛名は、現在は遠藤勘介と解読されている。）

## 蜂塚右衛門尉【はちづか・うえもんのじょう】

生年不詳―永禄八年（一五六五）

伯洲江美《えび》城主（鳥取県江府町）。毛利元就が出雲進攻の際、一時毛利に降参していたが、永禄四年（一五六一）本城越中守常光父子が元就によって殺された時、再び尼子に復帰し、爾来節を変えず、永禄八年（一五六五）八月五日、美保関から渡海して攻めて来た毛利の将、今田上野介・二宮杢助等に攻められて江美城落城、一族と共に自殺した。

## 川副久盛【かわぞえ・ひさもり】

生没年不詳

尼子侍大将四十二名中の一人で、美作守と言った。富田落城まで城内に残留した大身衆は、川副美作守久盛と森脇市正久仍《ひさより》だけになっていたが、その後に於ける久盛の動静ははっきりしない。一族に川副右京亮・川副二郎右衛門・川副三郎右衛門等の名が見えている。

## 隠岐清実（一本清家《きよいえ》）【おき・きよざね】

生没年不詳

隠岐為清の弟である。為清の死後隠岐の国を治めていたが、為清の子経家に家を継がせようと思い、わが子甚五郎は元春の本拠新庄へ人質に出し、経家（兄の子）をわが養子として隠岐氏を継がせていたが、後、経家から攻められて自殺した。経家は自分が織田氏に通じている事を感づかれたので、口をとざす為に養父清実を殺したが、後、清実の子甚五郎によって敵討ちにされ、殺されたという。

＊　＊　＊

尼子経久の全盛時代、石・雲・伯・因の土豪は多く経久の麾下に隷属していたが、一度毛利元就の進攻が始まると、これに投降する者が続出した。石見の諸将は永禄元年（一五五八）前後には殆んど毛利の勢力下にはいり、出雲の土豪も永禄五年（一五六二）元就が洗合に進駐すると、あらかたその勢力下に吸収されてしまった。

尼子直属の武士も次第に毛利に降参していったが、その第一期の降参は、元就が洗合に進駐してから永禄九年（一五六六）富田落城までの期間で、その間の投降組は比較的大身衆に多かった。尼子に対する恩誼もさる事ながら、押し迫る飢餓と絶望的な尼子の将来を考えると、数多い身内の者を思い合わせ、保身の術を考えざるを得なかったのであろう。事実、節義を重んじた烈士たちが、崩壊する尼子の運命と共に自滅していくのを眼前に見ていたのである。当時、戦国武将として生きる道は、信義に徹して最期を飾るか、保身を考えて生きのびるか、二者択一の境遇にあったのである。

永禄十二年（一五六九）勝久が出雲に進入すると、尼子恩顧の人々は一度尼子に復帰して来たが、元亀元年（一五七〇）二月、布部山の合戦に尼子が敗退し、その後尼子の敗色が日に日に色濃くなると、再び脱落組が多くなった。かくして元亀二年（一五七一）八月、勝久・幸盛出雲撤退までが、第二期の投降期間である。

第三期の投降は天正三年（一五七五）の九月で、尼子による因幡戦線が元春によって阻まれ、力尽きて私《きさ》部《いち》城が落城するに至ると、この人までがと思う尼子の勇将達が、袖をつらねて投降してしまった。この三期間の間に、尼子の将兵は大抵篩《ふるい》にかけられ、残留組（復興組）と降参組（保身組）との色わけがはっきりしてきたのである。

それは丁度赤穂浪士三百人の中で、四十七士だけがあとに残ったと同じである。しかし、四十七士と尼子浪士と違うところは、四十七士は天下泰平の世に、あれだけの騒乱を将軍の膝元で起こしたのであるから、事の成否は別として（結果は成功であったが）、最初から決死の覚悟で忠義の一心を貫き通したのである。

尼子浪士は戦国乱世に於て、主家の復興と郷土の再興をはかり、永禄十二年（一五六九）六月二十三日、隠岐から島根郡忠山（松江市）に上陸して以来、天正六年（一五七八）七日二日上月城落城まで、春風秋雨十年の間、櫛風沐雨の辛酸を重ねながら、初一念を通すことに邁進した。時は戦国、織田・毛利の対決は日に烈しくなる時であった。この時、織田と同盟を結んだ尼子の郷国復興は、決して現実味のない夢ではなかった筈である。

我々は郷土の後輩として、日本史中に見る事の出来なかった、尼子復興戦十年の事実を、大空にかかる虹を仰ぎ見るような感じで追憶してやまない。「故人の跡を求めず、故人の求めたる所を求む」ここにも二十一世紀に対処する我々の心構えの何かが存在すると思う。

# 付録

## 塩冶高貞【えんや・たかさだ】

生年不詳―暦応四年（一三四一）

塩冶高貞は文治元年（一一八五）、出雲の初代守護となった佐々木義清（近江源氏）より四代後の孫である。即ち義清の二男は泰清、泰清の二男頼泰は、神門郡塩冶郷（出雲市）の大廻《おおさこ》城に移り、塩冶氏と号した。頼泰の子が貞清で、高貞はその嫡男である。父の貞清は正中三年（一三二四）三月死んだので、高貞はその後を継いで出雲の守護となった。

その頃、都では後醍醐天皇の討幕計画が進められていたが、事前に露見し、日野俊基・資朝等は相ついで処罰された。所謂正中の変である。その後元弘元年（一三三一）には天皇の討幕計画が再び失敗し、天皇は捕えられて隠岐へ配流されることとなった。

元弘二年（一三三二）二月七日、都を出発された天皇は、三月十三日安来に到着、それから美保関へ渡って十日あまり御逗留の後、隠岐へ送られ給うた。元弘三年（一三三三）初春の頃、塩冶高貞の再従兄弟《またいとこ》、布志名郷（松江市）の地頭富士名判官義綱（天皇警護のため隠岐へ渡っていた）は、天皇の命を受けて密かに出雲に帰り、高貞に協力を要請したが、その成功を危《き》惧《ぐ》した高貞はこれを断った。

一方、天皇は元弘三年（一三三三）閏二月二十四日、隠岐を脱出して伯耆御来屋《みくりや》（鳥取県大山町）に御上陸、名和長年に迎えられて船上山《せんじょうざん》に立て籠もられた。この時点に至るまで、高貞の去就は容易に決しなかったが、ついに踏みきり、天皇に供奉《ぐぶ》してその先導役をつとめたので、天皇は目出度く京都へ御還幸遊ばされることが出来た。まさにその勲功第一位と言っても過言ではなかった。その後、足利高氏（後の尊氏）の寝返りや新田義貞の決起等によって、北条幕府は百五十年の歴史を閉じ、高貞は功によって出雲守護に留任、一族の富士名義綱は若狭の守護に任ぜられた。

元来、出雲地方は名馬の産地で、元暦元年（一一八四）一月二十日宇治川先陣の際、佐々木高綱が頼朝より拝領した名馬生月《いけづき》も出雲産といわれている。よって、高貞も出雲産の名馬を天皇に献上しようと思った。広瀬の町はずれに「天馬が鼻」という所がある。此処が高貞の献上した名馬のスタート地点で、その龍馬《りゅうめ》は朝の六時に富田を出発して、夕の六時には京都に着いたので、天皇は「まさに天馬だ」と称讃されたというが、勿論それは軍記物のオーバーな表現である。しかし、高貞が名馬を献上した事は事実で、その時、名臣藤原藤房がこの事を諌言された事は太平記に示す通りであったに違いない。高貞は船上山以来の功績を高く評価され、当時、後宮第一の美人といわれた弘徽殿《こきでん》の三位《さんみ》の局まで下しおかれる恩遇を受けたにも拘らず、その態度は依然として保身の術にのみ重きを置き、結局は婦禍によってその身の自滅を招くこととなった。

建武の中興は足利尊氏の武家政治への復活によって敢《あ》えなく崩れさり、建武三年（一三三六、南朝延元元年）後醍醐天皇の吉野御遷幸に及んで、日本は南北朝時代という特殊な時代をつくるに至った。（南北朝時代は建武三年＝一三三六から明徳三年＝一三九二年まで五十八年間続いた）この頃、足利方の武将の中には、南朝についたり北朝についたり臨機応変の武将もあったが、塩冶高貞にもその傾向が見うけられた。要するに分《ぶ》のよい方を選んで泳いでゆくのである。

当時、幕府の最高権威者は高師直という婆娑羅《ばさら》大名であった。彼は塩冶高貞の妻弘徽殿三位の局であった夫人に一目惚れし、これをわがものにせんと高貞を讒言したので、脛に傷もつ高貞はこれを恐れたか、鷹狩りに行くと称して播磨路へ落ちて行った。（自ら顧みて直《なお》くんば敢て恐れることはなかった筈である。）夫人も一時《いっとき》ばかり遅れ、二人の子を連れ、物詣《もうで》にゆく姿で丹波路より落ちのびて行った。これを聞いた師直は、尊氏に説いて追捕させた。命を受けた山名時氏は高貞を追いかけ、桃井直常・大平義尚の両人は夫人を追いかけ、播磨の陰山（姫路市）で夫人の一行に追いついた。夫人の従者の中にいた八幡の六郎は、辻堂にいた一人の行者に三歳になる高貞の二男を預け、追手と防戦する。その隙に一族の宗村山城守は、夫人を刺し殺し、長男太郎を抱いて「我こそは塩冶高貞」となのり、民家に火をつけ火中に躍りこんで焼け死んだ。次郎を預かった陰山の行者は、河内に逃げのび楠正行にその身の上を話した。正行は興国三年（一三四八）四条畷で戦死したので、弟正儀は次郎を山名師義に預けた。時に次郎は十六歳で玄貞と言っていた。師義は後出雲の守護となったので、玄貞を連れて出雲に帰ったが、後、玄貞は近江国に行き、京極高秀に身を寄せた。人々はこれを出雲殿と言っていたという。これは出雲私史の記事であり、その二男が長じて南條伯耆守となったというのは、羽衣石南條記の記すところである。出雲私史には高秀の二男高久は近江の尼子の庄に住み、近江尼子の祖となったと誌してある。中には更に明瞭に、京極高詮の弟高久は、実は塩冶高貞の二男であったと示してある系図もある。こういう背景を考えてみると、尼子高久の子持久が、出雲の守護となった京極高詮の守護代として、出雲に下った因縁は、結局祖父発祥の地に復帰したことになるのであるが、それは何処までも想像の域内のことである。

さて、高貞はどうやら出雲までは逃げおおせたが、暦応四年（一三四一）四月一日、自分を追いかけて来た山名時氏・師義の父子は、三百騎を従えてすでに安来に着いており、その上わが妻子は陰山に於てすでに殺されたという情報に接し、「今はこれまで」と馬上で腹を切り落馬して死んだ。そこは宍道の白石《はくいし》の灘という所であった。高貞の生涯には大義名分を通した一貫性がなく、その最期も単なる婦禍という事件に終り、武門の面目という輝きのなかったところに一沫の悲哀を感じさせる。

## 尼子十勇士【あまご-じゅうゆうし】

尼子十勇士というのは常山紀談（湯浅常山著）に出ているのが最初であるが、明治末期から大正初期にかけて流行した、ポケット本立川《たちかわ》文庫に取りあげられてから、広く知られるようになり、昭和二十六年（一九五一）版の大百科辞典にも取りあげられている。しかし、この三本とも名前は必ずしも一致せず、同じ十勇士でも登場人物が固定している眞田十勇士とはいささか趣を異にしている。これは何故か、それを考える前に三本に出ている尼子十勇士の名前を比較対照してみよう。

一、常山紀談

山中鹿之介・井筒女之介・川岸柳之介・破骨障子之介・五月早苗之介・早川鮎之介・上田稲葉之介・尤道理之介・藪原茨之介・阿波鳴戸之介

一、立川文庫

山中鹿之助・秋宅庵《いおり》之助・横道兵庫之助・寺元生死之助・皐月《さつき》早苗之助・早川鮎之助・大谷古《ふる》猪《い》之助・高橋渡之助・藪中茨《いばら》之助・荒波碇《いかり》之助

一、大百科辞典

山中鹿之介・秋宅庵之介・横道兵庫之介・寺本生死之介・植田早稲之介・早川鮎之介・深田泥之介・尤道理之介・藪中茨《いばら》之助・小倉鼠之介

右三著を勘案し、現在残っているこの地方の姓と、確実に雲陽軍実記や、陰徳太平記に出て来る名前を取りあげて、広瀬少年剣士会がまとめた十勇士は次の通りである。

一、広瀬少年剣士会

山中鹿介・秋上《あきあげ》庵介・横道兵庫介・寺本生死助・植田早苗介・小倉鼠介・早川鮎介・藪中荊《いばら》介・深田泥介・大谷古《ふる》猪《い》介

十勇士の姓で現在残っている姓は、山中・秋上《あきあげ》・寺本・早川・大谷・高橋・深田・植田・小倉などである。

立川文庫が「尼子十勇士」としてこれを取りあげたのは、史実というよりもむしろ講談本として興味本位のもので、一人々々の名前を見ても自然界の事物を語呂合わせのようにうまく取り組み、これを人間の姓名として表現している。そこがまた当時の少年たちの興味をそそったのだと思われる。それならば何がヒントでそういう思い付きをしたのか。それは言うまでもなく、十勇士の筆頭に山中鹿介幸盛という如何にも印象的な名前をもつ実在の勇士がいたからである。

立川文庫によると、鹿之助（正しくは鹿介）の父は相木守之助（これも木や森の連想から作りあげた名であろう）、母は更科《さらしな》姫といって、子供の頃は信洲の山の中で、鹿と遊びながら成長したので、山中鹿之助となのったという振り出しになっている。十勇士の筆頭でしかも実在の人物がすでにそうなのだから、続く面々もすべてそれに似たような語呂合わせでなければ講談にはならない。よって上記のような名前を作りあげたと思われる。もともと作りあげた名前だから、眞田十勇士のように固定してはおらず、語呂合わせの名が次々と生まれ出たものと思われる。だからと言って、これは一笑に付すべきことでもない。事実、当時の尼子麾下には、山中鹿介幸盛・秋上庵介久家・横道兵庫介政光の如き実在の人々がいて、尼子の名を高からしめていたからである。大永四年（一五二四）経久の時、因幡へ進入した「大永の五月くずれ」や、天文十三年（一五四四）二月晴久が石見に於て毛利を破った「府野くずれ」等、相手の心胆を寒からしめた戦も少なくなく、ただ山中鹿介の豪勇ぶりだけでなく、尼子麾下の豪勇は近隣に鳴り響いていたに違いない。この背景がやがて尼子十勇士として後世まで語りつがれるようになったのである。

十勇士のうち山中鹿介や横道兵庫介は別項で触れたので、秋上庵介その他を補足しておこう。秋上庵介久家（伊織介ともある）は大庭《おおば》大宮（神魂《かもす》神社）の大宮司秋上三郎左衛門綱平の子で、永禄十二年（一五六九）六月勝久出雲進入の時、父と共に真先にこれに参加したが、元亀二年（一五七一）五月頃、清水寺の大宝坊が毛利に降参した時、毛利の将野村信濃守士悦は大宝坊と斡旋して、秋上綱平並びに久家を毛利に降参させた。この降参の事情を考えてみると、久家は尼子に属してから常に忠勤に励んでいたが、幸盛・久綱等が勝久から信任を受けているのに比べ、自分がそれ程でもないので日頃から快く思わず、遂に勝久に背くに至ったといわれている。事実、元就が出雲に進入した時、久家は多久和城を守っていたが、ろくに防戦もしない内に敗走し、また月山を守備していた天野隆重の謀計にかかり、七曲りで敗戦する等の不面目が重なったので、自然幸盛ほどには重用されず、遂に野村信濃守士悦の斡旋を好機に毛利に降参したものと思われる。

一方、毛利方においては、秋上父子の降伏は尼子氏再興上多大の影響を及ぼすので、輝元は元亀二年（一五七一）五月十六日、元春・隆景に書状を認め、秋上父子の降服を祝し、なおこの機を逸せず、秋上父子をして尼子氏の諸将に降服をすすめるよう警告した。しかし、久家は毛利への降参を決意した時、わざわざ幸盛を訪ね、「父綱平の仔細によって毛利に降参するに至った」由を幸盛に告げ、幸盛もまた快く諒承しているので、久家が尼子を撹乱した形跡はなく、尼子十勇士の一人に加えられている面目は一応保たれているのである。

元亀元年（一五七〇）六月三日、尼子軍は毛利の将志道左馬介が立て籠もっていた佐陀（松江市）の勝間城を攻撃した。（勝間城は加賀・洗合・真山・平田に通ずる要衝だった）これは尼子軍の敗北となり、三刀屋蔵人・上田（植田）早苗介等が討死したことが陰徳太平記に出ているので、植田早苗介という人物のいたことも諒承出来る。以上の様に、十勇士の名前が登場して来るのは、尼子の全盛時代であった経久の頃よりも、むしろ尼子復興戦が二年二ヵ月にわたり郷国出雲で展開されていた時期こそ、尼子十勇士の活躍舞台であった事が想像される。この事は尼子哀史にとってまさに画龍点睛的な意味を与えるもので、もし尼子哀史に十年に亘る復興戦の実践がなかったら、尼子の滅亡はありふれた弱肉強食の一例として忘れ去られたかもわからない。しかるに十年に亘る尼子復興戦は、日本史（世界史もまた同様）の中でも類例のない事実として存在し、しかも十年の間、この団結は大所高所から見て崩れることはなかった。この強靭な団結による戦闘力の具体的な変形として、尼子十勇士が作りあげられたと考えても決して無理ではない。そして、その根拠は何処までも山中鹿介という実在の人物であり、そしてまた特異と思われる程のその姓名から発生した十勇士面々の名前であり、また十勇士というのは尼子武士の結束を表わした別の表記でさえあったと思われるのである。

## 尼子家五老臣【あまごけ-ごろうしん】

一、大原上佐世金剛山城主、佐瀬（世）伊豆守正勝、同清宗トモ
二、飯石民谷、宇山飛騨守久信
三、秋鹿下大野、津森四郎二郎、津森入道ノ子
四、仁多竹埼、川副美作守源常重
五、力石氏ナリ、尼子ノ譜代ト相見ユ、居所・名所等未明

## 尼子方十本旗【あまごがた-じっぽんばた】

一、島根法吉白鹿山ノ城主　左近将監吉久
二、仁多中野湯玉峰山城主　三沢三郎左ヱ門為虎
三、飯石三刀屋城山　三刀屋弾正忠久扶
　文安ノ頃諏訪部弾正左ヱ門久祐
弘治ノ頃三刀屋城市川竹壽丸杯アリ
四、飯石赤穴瀬戸山城主　赤穴与左ヱ門幸広
　右京亮幸清ノ嫡子ナリ
五、大原南村三笠山城主　牛尾大内蔵左ヱ門春信
六、出雲学頭高瀬城主　米原平内左ヱ門源広綱
七、神門東神在龍王竹生城　神西三郎左ヱ門小野高通
　十二代相続
八、意宇熊野大石山城主　熊野兵庫頭久忠
九、仁多大馬木寒峰山城主　眞木出雲守道綱
十、大原大西高麻山城主　大西十兵衛

## 尼子家十勇十介【あまごけ-じゅうゆう-じゅうすけ】

一、山中鹿介　二、秋宅庵介　三、寺本生死介
四、尤道理介　五、今川鮎介　六、藪中荊介
七、横道兵庫介　八、小倉鼠介　九、深田泥介
一〇、植田早苗介

## 尼子九牛士【あまご-きゅうぎゅうし】

一、牛尾遠江　　二、牛田源五兵衛
三、牛岡草介　　四、牛川飛右ヱ門
五、牛井呑ヱ門　六、牛屎踏右ヱ門
七、牛田鋤右ヱ門　八、牛引夫兵衛
九、牛飼糖右ヱ門

右は恐らく後世の戯作か

## 出雲三十六城【いずも-さんじゅうろくじょう】

元亀三年毛利輝元出雲ノ州郡ヲ畧セシ時、出雲ニ三十六城有リ

一、富田ノ城ニハ元就ノ三男吉川元春ヲ置キ、出雲守護職ノタメ佐賀氏ヲ差添三万五千石ヲ付置ク
二、飯石三刀屋久扶ノ城ヘハ一万三千石ヲ付、隠岐・多賀両士を付置ク
三、須佐尾埼山ノ城ニハ高島・熊谷ヘ四千石ヲ付置ク
四、赤名瀬戸山ノ城番柴氏・三沢五千石ヲ置ク
五、吉田粟目山ノ城番ニ瀬田・多喜四千石ヲ置ク
六、油木ノ城ヘハ神島・松田三千石ヲ付置く
七、波多ノ城番幾元・塩田二千石ヲ与ウ
八、掛合ノ城番古田・湯岐二千石ヲ与ウ
九、多久和ノ城ニハ三千五百石ヲ付テ神西氏ヲ付置ク
十、仁多三沢ノ城ヘ八千石義伊・桜井ヲ付置ク
十一、中湯野ノ城番高浜・三沢四千石ヲ付置ク
十二、横田ノ城ヘ二千五百石槇島・北垣ヲ付置ク
十三、亀嵩ノ城ヘハ五千三百石ニ大西・松浦ヲ付置ク
十四、神門田儀ノ城ヘ大島・馬田ヲ付テ三千石ヲ与ウ
十五、伊秩ノ城ヘ熊谷・布ヲ付テ五千石ヲ与ウ
十六、古志ノ城ヘ岩崎・多賀ヲ付テ二千七百石ヲ

与ウ
十七、神西ノ城へ鞍賀右ヱ門ヲ付テ五千石ヲ与ウ
十八、園ノ城ニハ三千五百石ヲ置テ松島・世貴ヲ付ク
十九、上之郷ノ城番重原ニ三千石ヲ置ク
二十、塩冶ノ城番六千石、長崎・南波ヲ付置ク
二十一、薭原ノ城へ七千石獄令・白神ヲ付置ク
二十二、楯縫林木ノ城へ五千石若宮左近ヲ付置ク
二十三、口田儀ノ城へ三千三百石、森田兵庫ヲ付置ク
二十四、出雲武部ノ城へ四千五百石内藏・伊賀ヲ付置ク
二十五、阿宮四千八百石重栖・高瀬ヲ付置ク
二十六、意宇宍道七千石竹埼・多賀ヲ付置ク
二十七、来海四千石中井・立原ヲ付置ク
二十八、大原佐世七千石、牛尾・織部ヲ付置ク
二十九、下佐世三千石森脇・湯原ヲ付置ク
三十、寺領三千四百石、朝山・亀井ヲ付置ク
三十一、飛石ノ城番鞍掛・大野ヲ付置ク
三十二、大東城へ七千石飛田・大坂ヲ付置ク
以下四城不明　右高拾九万九千四百石ヲ城番へ当置ク

# 尼子時代及其ノ以前以後出雲国内の城とその城主

島根郡末次荒和井城主　若林伯耆守　永禄ノ頃
片句浦　片倉小十郎　文応中
名分堀ノ内海老山城主　新田右馬頭
同村大勝間山城主　福頼内膳正
講武殿山城主　佐々木三郎盛綱
法吉眞山城　山中鹿介　天正ノ頃吉川元春
眞山城主　多賀彦三郎元忠
朝酌和久羅山城主　羽倉孫兵衛元景、又多賀備前守信忠
川原城主　白紙肥後守
上ノ羽倉山城主　原田右ヱ門太夫義重　永禄ノ頃

大井城主　野村信濃守　嫡子宮松丸ハ天正ノ頃ノ勇
　士
新庄城主　白石右京大夫
本庄城主　本庄越中守常光
本庄邑生境城山城主　佐々木隠岐守、陰徳太平記ニ
　ハ京極隠岐守、天文ノ頃ハ佐々
　木新五郎ト有之
森山城主　秋上伊織介其後小川右ヱ門兵衛勝久
同村一ノ口城主　亀井能登守安綱
同村今井山城主　今井四郎兼平
雲津岩屋城主　對島守源義親　八幡太郎義家ノ嫡子
北浦忠山　山中鹿介幸盛
野波高渋山　余村兵庫介
同浦目星山城主　会見弾正忠
佐波城主　佐波常陸ノ介
加賀要害山城主　加賀官左ヱ門尉
川津山城主　川津民部左衛門久家
多古城主　多胡左ヱ門尉辰敬
千酌　大熊右京

比津村　中務少輔　天正ノ頃
西尾　原田五郎義種　永禄ノ頃ナリ
秋鹿郡西谷西菅山城主　大膳
佐陀蘆山城主　朝山越前守貞昌
本郷伊具山城主　伊原弾正
同村池平山城主　朝山安藝守勝部昌時
秋鹿鰐尾山城主　大廻三郎左ヱ門正次
大垣　大野次郎左衛門高直
大野　大垣八郎右ヱ門秀清
濱佐陀　満願寺城主　湯原弾正忠元綱
国富　摂津左ヱ門為光
林木　宍道五郎高慶　天正ノ頃ハ備前守政慶
十六島城主　十六島弥六左ヱ門尉
出雲郡神守　小村兵庫頭又一説ハ高瀬備前守
上阿宮　伊勢甲斐守
庄原　庄原豊後守
上庄原塩　里田山城守久勝
上直江　相津兵部之輔
別名　宍道安芸守高家

三歩一　天野五郎元弥
神門上之郷　上之郷兵庫嫡子小法丸
所原　古志左京進長信
朝山　朝山主殿介大伴惟元
松ヶ枝　松ヶ枝内蔵介
上古志　佐々木左ヱ門義信
下古志　佐々木六郎貞信
同村古志　因幡守宗信
高岡　鷹羽三河守
粟津　片寄筑前守
三部　小笠原次郎左ヱ門長次
　天正ノ乱ニハ同　大蔵長雅
一久保田　伊秩甲斐守
小田　小田常陸守
上橋波　柳瀬大膳太夫
下橋波　小池蔵之丞
遥堪　松井弾正忠
東村　岸馬之丞
飯石下熊谷　小川右ヱ門兵衛勝久

同村　永井新蔵
尾崎　諏訪部弾正忠義佐
多久和　山中鹿介幸盛
同所高芦　福山次郎左ヱ門
須佐　羽山入道
掛合日倉山　多賀与四郎道定
同村　萩野庄左ヱ門
加食田　大塚土佐守誠久
同村　平賀太郎左ヱ門隆祐
吉田　吉田大内蔵左ヱ門
同村　田辺信濃守
同村　吉田三郎左ヱ門義邦
反部　本庄越中守経光
原田　勝部筑前守
大呂　熊谷民部少輔
志津見　森脇次郎大輔久家
神代　神代大炊介
仁多佐白　森脇山城守家貞
上布施　布施氏

上三所城主　齋藤熊三郎同鹿之助兄弟勇士也
鴨倉山城主　三沢六郎為長
中湯野　冷泉民部少輔
小馬木　馬木河内守・馬木将監
上阿井　伊達采女
高尾村　高尾豊前守久友
福頼村　福頼治部大夫
大原来次　広田隠岐守
飛石村　飛石孫大夫
西阿用　赤穴玄蕃頭
神原　下笠源四郎
山方　永野左ヱ門大夫長冬
三代　鞍掛次郎四郎久勝
下分　馬田豊前守
大東　馬田越中守誠房
湯村　牛尾左馬介
諏訪　牛尾豊前守家寿
上久野　久野肥前守直経
東阿用砥石城主　桜井入道宗的

津田　馬田尾張守同与三右門・同右京亮
大西村　大西十兵衛
立原村　立原備前守久光同源太兵衛久盛
湯村　湯野美作守泰敏
南加茂　山内四郎広道
大埼村　宍道兵庫介国清
新宮　佐々木形部少輔国久
布部　森脇市之正
宇波村　馬木（後馬木与一アリ）
山佐　吉田八郎左衛門
意宇上意東　波多野又五郎
熊野　天野紀伊守隆重
同村　森脇市正、同村　西川入道
布志奈城主　布志奈判官
来海村　宍道八郎政慶
大谷城主　大谷伊賀守
宍道城主　宍道五郎左ヱ門正隆
白石　宍道伊与守正重
佐々布　宍道四郎

山代　村井伯耆守
湯村　湯村信濃守
玉造　佐々木伊豫守
西岩坂　本多某
上意東　河本弥兵衛隆任

狭布稚国より転写す
狭布稚国図作者不明

## 尼子分限帳【あまご-ぶんげんちょう】

**御家老衆**

石見一国の城主　十八万七千七百石　宇山飛騨守
備後之内　十二万石　佐世伊豆守
備前之内　十万石　牛尾遠江守
美作之内　八万七千石　中井駿河守
〆　四十九万四千七百石

**御一門衆**

播磨之内　十万石　尼子下野守
隠岐之内　七万石　宍戸大炊頭
備前之内　五万石　京極相摸守
同　三万八千石　亀井淡路守
同　三万二千石　朽木河内守
〆　二十九万石

**中老衆**

備中之内　三万石　大西十兵衛
美作之内　二万三千石　立原源太兵衛
同　二万三千石　津森惣兵衛
播磨之内　二万八千七百八十五石　森脇東市正
美作之内　二万石　山中鹿之介
備前之内　二万五千石　本田豊前守

**御手廻り衆**

出雲之内　一万八千石　平野又右衛門
備中之内　一万七千五百石　米原平内左衛門
同　一万四千四百五十三石　本田豊前守
備中之内　一万四千三十九石　佐世勘兵衛
伯州之内　一万二千二百九十六石　佐世助三郎
同　一万七千石　牛尾太郎左衛門

隠岐之内　一万九百三十石　横道源介
備中之内　一万二百四十三石　横道源之允
同　一万百十四石　三刀屋藏人
〆　十一万九千二百七十五石

**侍大将**

備前之内　七千石　高橋権之進
同　六千八百七十三石　淀井弥二郎
同　三千七百石　福頼下野守
美作之内　三千七百五十石　豊居六郎衛門
伯州之内　一万石　植木下総守
因幡之内　一万三千石　井原弥二郎
備前之内　八千石　上野伊豆守
美作之内　三千六百七十七石　津々加賀守
因幡之内　二千七百三十二石　林二郎右衛門
備前之内　尼子式部少輔
安芸之内　四千八百五十八石　高瀬備前守
備後之内　五千二百三十三石　京極掃部佐
同　四千石　稲富玄蕃頭
伯州之内　二千八百八十七石　植木孫六衛門
同　二千七百五十八石　芦村神左衛門
同　五千四百三十六石　植木美作守
伯州之内　三千三百五十六石　福井六右衛門
因幡之内　三千七百七十二石　隅野源藏
同　三千二百三十二石　大賀駿河守
同　三千五百石　宍道兵部大輔
備前之内　三千七百石　宍道右京進
石州之内　二千三百石　秋宅権兵衛
備中之内　二千三百七十石　寺尾三河守
雲州之内　五千石　高野監物佐
同　五千石　本田豊前守
同　五千石　岸左馬之介
同　四千七百石　池田市介
同　四千石　森脇豊前守
同　一万十石　河元十郎左衛門
備中之内　一万十石　石塚九郎兵衛
備後之内　一万石　神代三郎兵衛
同　一万石　河副美作守
同　一万石　秋宅庵之介

備中之内　八千六百八十六石　池田権兵衛
備後之内　八千六百三十八石　湯原弾正弼
備中之内　八千十三石　五月早苗之助
備前之内　八千十三石　本城越中守
同　七千五百五十四石　大西源介
石見之内　七千百五十三石　津森源右衛門
出雲之内　六千八百二十六石　多賀右京亮
同　六千六百三十石　三沢三郎衛門
備後之内　六千五百石　湯原弥二郎
〆　十一万九千七百六十六石

**足軽大将**

美作之内　五千二百十八石　加藤彦四郎
同　四千六百六十六石　神西三郎右衛門
出雲之内　四千三百七十二石　古志玄蕃頭

**物押大将**

備中之内　四千二百石　長谷川助右衛門
石見之内　三千七百五十三石　馬木彦右衛門
備後之内　三千六百八十二石　力石兵庫頭
出雲之内　三千四百四十七石　多賀勘兵衛
同　三千四百二十石　長谷川善右衛門
同　三千四百石　池田太郎左衛門
〆　二万千九百二石

**軍奉行**

因幡之内　五千八百八十七石　本庄太郎左衛門
出雲之内　三千百十石　刺鹿山城守
同　三千百九石　野村主膳正
伯耆之内　五千七百五十六石　高橋十郎兵衛
〆　一万七千九百四十三石

**物侍衆**

出雲之内　三千石　南條小平太
同　同　高鼻源三郎
同　同　秋宅源蔵
同　同　吉見権之進
同　同　野田　杢
同　同　勝屋左馬之助
同　同　大村右衛門
同　同　伊賀藤衛門
同　同　伊与泉源太兵衛

| | | |
|---|---|---|
| 同 | 同 | 大迫市之進 |
| 出雲之内 | 三千石 | 成田内蔵助 |
| 同 | 同 | 馬来善太夫 |
| 伯州城主 | 五千七百八十六石 | 松田蔵人正 |
| 松江之内 | 三千七百三十三石 | 牛尾弾正大弼 |
| 備前之内 | 五千八百七十石 | 佐々木小五郎 |
| 因幡之内 | 六千五百石 | 鳥井主膳 |
| 備中之内 | 六千石 | 大塚図書 |
| 石州之内 | 六千石 | 細田太郎左衛門 |
| 備後之内 | 六千七百八十六石 | 三刀屋弾正 |
| 美作之内 | 一万石 | 本城美作守 |
| 同 | 四千石 | 熊谷新右衛門 |
| 同 | 四千石 | 大野十郎兵衛 |
| 因幡之内 | | 岡　左兵衛 |
| 備中之内 | | 秋宅神介 |

## 尼子滅亡当時の家臣名　尼子家旧記

永禄九年十一月二十八日雲州富田下城迄相届衆中次第

不同

吉川右衛門尉　後伯耆守　元春御抱　新庄地死

広田三郎五郎　雲州牛尾城討死

湯原三右衛門尉　子息亀武抱　因州鹿野死

松田兵部尉　芸州志道ニ御座候時京都ヨリ被下聽被
　上　子息万千代　同千々世

牛尾信濃守　京都病死、子息弾正忠　雲州帰国　牛
　尾城討死

吉田八郎左衛門尉　勝久ニ生害、同四郎次郎、同時死

三沢布広息、同右衛門尉

三河内三河守　備後帰国之後病死

長守　河副美作守　一所

老中　河副美作守　雲州新山病死、同三郎右衛門尉
　同弟弥三郎　播州にて死

中老　高尾宗五郎

同　森脇源三郎　後吉川殿二足庵
同　宇山右京亮　芸州志道にて病死
中老　立原備前守　同所にて病死
義久様御守　横道石見守　雲州にて病死
同　横道兵庫助　雲州布部討死、同弟源助
伯州にて杉原景盛討果、其弟助三郎、
吉川殿御抱、孫右衛門尉
同　本田豊前守　芸州長田にて病死、同息
与次郎　不義により因州にて病死、同
太郎左衛門尉　豊前守弟也　雲州にて
死、其子与一病死、同名四郎兵衛病死
中老　大西十兵衛尉　芸州志道にて生害、同嫡子、与
一、後源介牢人、同二男、後神四郎と
云、同三男、黒　後与三郎と云、依不
義芸州長田にて親討果、同名、新四郎
晴久様御守　中井駿河入道　伯州法勝寺にて病死
中老　駿河入道嫡子　平三兵衛尉　伯州にて病死、
中井四郎左衛門尉　隠州にて死、其子
藤五郎　中井次郎右衛門尉

中老　山中鹿介　備中松山々麓　安井と云所にて討
果
屋葺右兵衛尉、同与三郎　右兵衛討果と云
多賀伯耆守　雲州にて病死と云
倫久様御守　多賀兵庫助　不届、国に留、勝久乱入
後逆意付討果　其子太郎、雲州にて惣
領生害
多賀勘兵衛　長州奈子にて病死
福山弥次郎　伯州にて芸州より討果、其伯父次郎左
衛門尉、同前死、同弟藏丞、同名三郎
次郎、同藤左衛門尉
佐藤十郎右衛門尉　伯州南条衆にて討死
目加田三郎右衛門尉　富田下城之時病死
倫久様御守　目賀田新兵衛尉　不届、雲州にて病死
三刀屋藏人　雲州勝間にて討死
日置助左衛門尉　雲州にて病死と云、同弟一人、名
忘
平野又右衛門尉　籠城より御使に出、作州小田草に
て御用立　同息　犬大郎、芸州にて病

死
馬来弥七郎　又右衛門尉、同前死
代三郎右衛門尉　雲州にて死
秋上助次郎　後庵介と云、勝久之時芸州へ成、病死
渡辺八郎次郎　京都にて討果
原助次郎　高橋右馬允
米原三郎右衛門尉　入衆之時富田にて討死
池田三郎右衛門尉　雲州にて病死、池田三郎兵衛尉
湯三郎左衛門尉
岩崎次郎右衛門尉　雲州にて病死と云
木海市介　伯州にて病死
多胡出雲守　備後にて病死、多胡掃部助　雲州にて
病死
中老　多根助右衛門尉　雲州にて病死
力石三郎兵衛尉　石州温泉津にて病死、其子兵庫助
後安清、奈古にて病死
渡辺周防守　雲州にて病死
小野善右衛門尉　雲州にて病死
石塚四郎右衛門尉　雲州にて病死

中老　津森宗兵衛尉　因州にて討死、同弟四郎五郎
後元祝と云
眞野長左衛門尉　伯州居石にて討死
長江孫太兵衛尉　雲州にて病死
長谷川小次郎　後閑斎と云
多久玄蕃允　多久弥太郎
鯰江与十郎　後兵庫と云、宋玉様に届
松浦治部丞　芸州長田にて病死
神主左京太夫　雲州にて死と云
柴田　日野御上様に届、籠城仕候
鞍懸三郎右衛門尉　伯州にて馬より落死
村井三郎次郎　伯州岩倉にて討死と云
坂田四郎次郎
僧衆には洞光寺利賢東堂　越前田藏にて御遷化
同龍岡道門和尚　洞作・洞察（何れも利賢の弟子）
道門御弟子二人　龍巖院（聖道也、平野又右衛門
抱之僧）
重歳坊（山伏也、岩倉寺之弟子）芸州へ御届被申
候

宝怒（御崎之山伏也）随雲院（会下也）
松岡寺（芸州へ御共被申候会下也）
徳蔵主（叢林也）来迎寺清霊（会下歟）
清陽（鉄砲放、温泉之僧、後落）乗光寺（聖家也）
大光寺・円光坊（大山坊主）
法正寺（叢林か）領宗（高野宗也）小野（山吹）
清盛庵

# 尼子家系譜

宇多天皇
人皇五十九代
――敦実親王
一品式部卿、宇多天皇第八皇子
承平六年正月源姓ヲ賜ウ
宇多源氏ノ始祖ナリ
――雅信
従二位左大臣
――扶義
正三位参議
――経頼
正四位下参議
――章経
従五位式部少輔
――高経
伊勢守
――高信
豊前守
――経方
此時始メテ江州佐々木ニ住ス
ヨッテ佐々木ト号ス
――秀義
佐々木(源)三郎、子息七人
佐々木コレヨリ大イニ栄ユ
――信綱
京極近江守、京極氏祖
――家綱
左衛門尉
――定綱
太郎左衛門尉、紋四ツ目結
子息十一人
――経方
一本綱高ニ作ル
次郎中務少輔
――盛綱
三郎左衛門尉(三郎兵衛)
紋三ツ目連銭
――高綱
四郎左衛門尉、紋三ツ巴

信綱ヨリ

- 義清
  - 政義
  - 泰清（信濃守）
    - 頼泰（泰清第三子 又左衛門尉、兵庫頭 塩冶ト称ス）
      - 貞清（頼泰長子、孫四郎 左衛門尉、従三位 隠岐守護 近江判官トモ号ス）
        - 高貞（貞清長子、隠岐守ニ任ジ 検非違使ヲ兼ヌ、隠岐判官トイウ 暦応四年四月三日、婦禍ノタメ 出雲宍道郷ニテ自害、二子アリ）
- 源秀（一本厳秀、佐々木吉田法橋）
  - 泰秀
    - 秀信
      - 秀長（厳覚）
- 能慮（一本能恵）
- 氏信（京極近江守 入道、道善）
  - 満氏（一本満信 従五位下、佐渡守）
    - 宗信（一本宗氏 京極三郎左衛門 入道賢観）
      - 高氏（道誉、京極佐渡判官入道、武勇才智群ニ秀デ 尊氏・義詮・義満三代ニ仕エ、江州半国、出雲・隠岐・飛騨其他食地多ク賜ウ）
        - 秀綱
        - 秀宗
        - 高秀
          - 高詮
            - 高光
              - 持高
              - 持重
              - 持清
                - 勝秀　孫童子
                - 政経（後政高トイウ）
                - 政光
                - 高清……高次
            - 高数
          - 高久（次頁へつづく）

**高久**（前頁より）
幼名次郎、父高貞没落後、
高詮ノ弟トシテ高秀ニ養育セラル
京極六郎左衛門尉、江州尼子ニ
住シテ尼子備前守トイウ（一説）

- **秀益** 宍道氏
- **満秀** 京極出雲守
- **持久** 尼子上野介、号正雲寺
  始メテ出雲守護代トナリ
  富田ニ下ル
  - **清定**
    - **経久**
      童名又四郎、母ハ真木上野介息女、民部少輔伊予守
      安芸・三備・播・作・雲・石・隠・因・伯十一ヶ国領
      天文十年十一月十三日死亡、八十四歳、月叟省心大居士
      - **女** 杵築国造千家ノ妻
      - **政久**
        民部少輔、母ハ吉川駿河守経基ノ女
        永正十五年九月六日、雲州阿用ニテ討死
      - **定久**
        天文十一年壬寅二月十七日
        戦死
        — **高清** 三上三郎兵衛
        十二歳ノ時飯石郡三刀屋ニ
        引取ラル（堀江氏系図）
      - **国久**
        孫四郎、刑部少輔、紀伊守、母政久ニ同ジ
        天文二十三年十一月一日生害、六十三歳
      - **女** 宍道遠江守妻
      - **興久**
        彦四郎、宮内大輔、塩冶ト号ス、母ハ政久、国久ト同ジ
        享禄三年父ニ謀反、天文三年備後
        山内大和守直道（舅）ノ甲山城ニテ生害、三十八歳
    - **義勝**
      一本久幸トモアリ、
      天文十年正月十三日
      芸州吉田三猪山ニテ
      討死
      治部少輔、下野守、
      妻ハ武田元繁女
      — **経貞**
      - **孫四郎** 妻ハ木村佐渡守女
      - **女** 尼子豊久妻
  - **幸久** 五郎
    — **幸満** 十四郎
    — **満盛** 左京進
    — **満幸** 三河守
    - **幸高** 甚太郎
    - **幸盛** 甚次郎

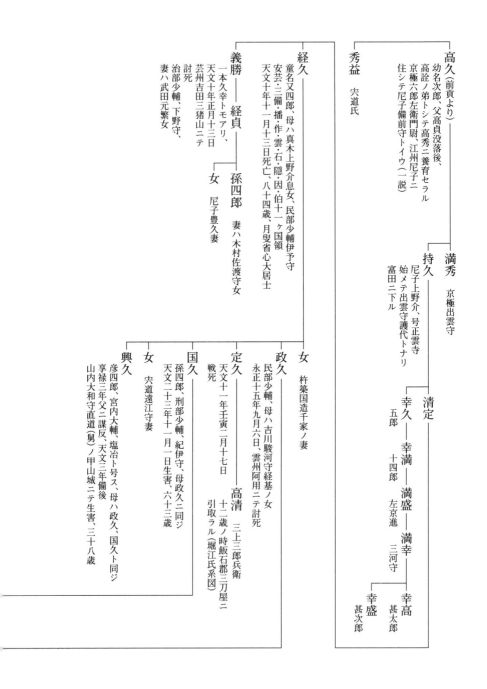

国久ヨリ

豊久
一本誠久ノ弟トモアリ、新四郎、兵部少輔
天文十五年六月二十八日、伯州真野山ニテ討死

誠久
孫四郎、式部太夫
母ハ多胡宗太兵衛入道悉休ノ女
父国久ト同時ニ生害シ了ル
敬久
小四郎、父国久ノ死セシ翌日討死

与四郎
敬久ト同時ニ切腹シ了ル

女子　五人
氏久
孫四郎、刑部少輔
天正六年七月三日上月城ニテ生害

常久
善四郎、季久トモアリ　敬久ノ死セシ日自害

吉久
神四郎、善四郎ト同時ニ自害

弥四郎

勝久
助四郎、天正六年七月三日播洲上月城ニテ生害
政久ヨリ

女
松田左近将監満久妻

晴久
三郎四郎、民部少輔、修理太夫
右衛門尉トモイウ、永禄五年、四十九歳頓死
母ハ山名兵庫介(幸松)ノ女

千歳
早世

義久
三郎四郎、右衛門督
母ハ紀伊守国久ノ女
永禄九年毛利へ降リ芸州へ下向
法名友林、奈古ニテ歿

元和
養子将監、九一郎

就易

倫久
九郎兵衛、法名瑞閑、晩年石州ニ帰ル

秀久
四郎兵衛、法名常心、奈古ニテ歿

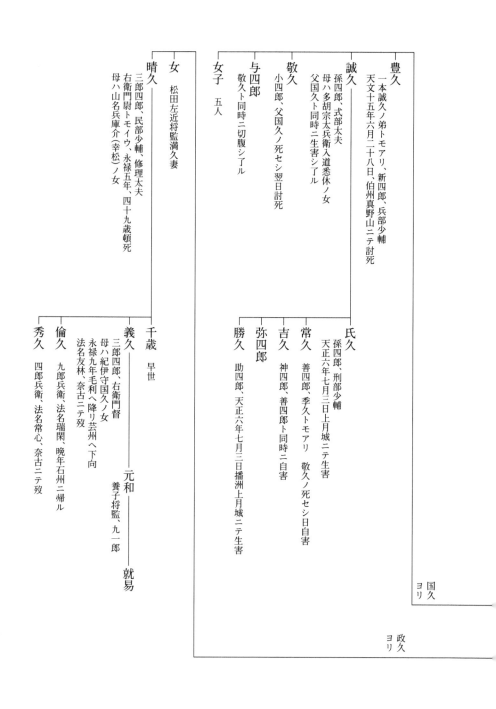

# 山中家系図（丸亀市山中三樹造所蔵ニヨル）

宇多天皇―敦実親王―雅信―扶義―経頼―章経―高経―高信―経方（始テ江州佐々木ニ居住）―

―秀義―定綱（太郎左衛門）―信綱―氏信（京極近江守）―満氏（佐渡守）―宗信（三良左衛門）―高氏（佐渡判官道誉）―

―高秀（京都治部大輔）―高詮（大善太夫）―高久（尼子備前守・始テ江州尼子ニ居住）―満秀（出羽守）―持久（上野介、始テ出雲ノ守護代トナリ同国ニ居住、出雲尼子ノ祖）―

―清定（刑部少輔）

―幸久（五郎、兄清定ノ勘気ヲ蒙リ、雲州布部山ニ蟄居ス、実ハ兄ヲ討タント謀リテ発覚セシ故ナリ是出雲山中ノ元祖ナリ、長治二年正月十一日幽死、行年五十五歳）―

―幸満（十四郎、母ハ桜井尾張守為信ノ女、永正三年五月三日卒行年四十二歳、法号乗雲）―満盛（左京進、母ハ河副光氏ノ女、尼子経久・塩冶掃部介ヲ討ツ時軍功アリ、天文七年三月十日卒去、行年七十一歳、法号浄林）―

―満重（甚十郎）―満幸（三河守、母ハ三沢土佐守ノ女天文十五年九月十日卒去行年二十七歳、法号天海）―

　―幸高（甚太郎）

　―幸盛（甚次郎、鹿介、母ハ立原佐渡守綱重ノ女天正六年七月十七日備中高梁川阿井ノ渡ニテ毛利ノ為討タル）―

　　―女（亀井安綱ノ女ヲ養女トス亀井武蔵守茲矩ノ妻）

　　―女（吉和孫右衛門義兼ノ妻）

　―女（美作ノ人、飯田定ノ妻）

―女（古志判官光政妻）

**備考**　山中鹿介幸盛ノ妻ハ亀井秀綱ノ長女、次女ハ幸盛ノ養女トス
幸盛ニ実子八重姫アリ、後兒玉周防守ノ斡旋ニヨリ毛利ノ臣吉和義兼ノ妻トナル、二子ヲ生ム、長ヲ常祐又範重トイヒ、孫右衛門ト称ス、母ノ姓ヲ継ギ山中氏ト改ム、世々安芸、草津ニ居リシガ後五日市ニ移ル（草津海蔵寺ニハ幸盛ノ墓アリ、鞆ノ浦静観寺ヨリ移シタルモノナリ、次子ヲ孫兵衛（一説ニイフ新六、幸元カ）ト称ス備前岡山ニ居リ後大阪ニ移ル（鴻池ノ祖）

# 毛利家系譜（雲陽軍実記による）

二品阿保親王之御末本主王（平城天皇第二王子）──音人王──千古（初メテ大江氏ヲ賜ウ）──維時──重光──匡衡──擧周──成衡──匡房──維順──維光──広元（因幡守、入道覚阿トイウ、右大将頼朝ノ執権ニテ謀師トナリ、頼家・実朝・頼経マデ仕エ、相州毛利ヲ領ス、是ヨリ毛利ト号ス）

広元の子
- 親広
- 時広（左衛門尉）
- 季光（左近将監）

季光──経光（越後国佐橋庄、南条庄合セテ千貫領ス 尊氏ヨリ、芸州吉田山田ニテ二百貫、河内ニテ加賀田郷千貫ヲ加エ、都合二千二百貫領ス、コレ芸州毛利ノ祖ナリ）──貞観（左近将監）──親茂（後親衡トイウ 備中守）

親茂の子
- 師親（備中守）
- 匡時坂宮内少輔
- 直衡左富越後守

師親の子
- 広房（中務大輔）
- 元房（弾正少弼）
- 実広（麻原兵部少輔）
- 忠広（中島左馬助）
- 広世（福原左近将監）
- 元淵（小山刑部少輔）

広房──光房（備中守）──熙元（治部少輔）──豊元（治部少輔）

豊元の子
- 興元（備中守 明応二年生 母、福原広俊女）──幸松丸（早世ノタメ、家督元就ヘ渡ス）
- 元就（童名松寿丸、母ハ福原内蔵太夫息女 明応六年三月十六日生）
- 元綱（北少輔三郎（一説相原四郎ト称ス、逆意ニヨリ誅セラル））
- 女（吉川元経室）
- 就勝（相合四郎 侍女有田某女）
- 元範（敷名兵部丞）

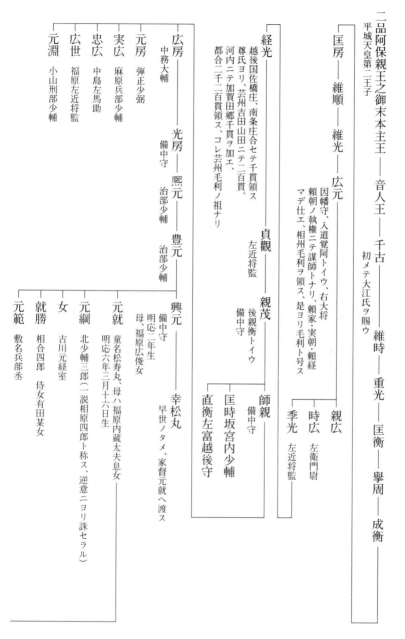

元就ヨリ

- 隆元　大膳太夫　母、吉川国経女
  - 輝元　右馬頭　正三位中納言
    - 秀元　実ハ穂井田元清ノ子　輝元ノ養子トナル
      - 秀就　実ハ輝元ノ子　秀元ノ養子トナル
      - 就隆　日向守
- 女　宍戸安芸守隆家室　五龍ト称ス、母同
- 元春　治部少輔興経ノ養子、母同
- 隆景　小早川正平ノ養子、養父正平雲州鳶巣川ニテ討死、徳寿丸、又四郎、母同
- 女　上田元祐室、母、経室三吉某女
- 元秋　杉森少輔次郎
- 元清　穂井田治部大輔、母、継室乃美弘平女
  - 秀元　長府毛利氏ノ始祖
- 元康　大蔵太夫、少輔七郎、母、継室三吉某女
- 元政　天野六郎左衛門、少輔六郎、母、継室乃美弘平女
- 秀包　藤四郎、初元総、母、継室乃美弘平女

# 吉川氏略系（瀬川秀雄博士、『吉川元春』による）

藤原鎌足―不比等―武智麻呂―乙麻呂―是公―雄友―茅河《チカハ》―高扶《タカスケ》―清夏―維幾―

為憲―時理―時信―維清―清定―景兼―景義
始テ駿河国有度郡吉川邑ニ住居、吉川氏ヲ称ス、吉川初代

二 友兼―三 朝経―四 経光―五 経高―六 経盛―八 経秋―九 経信―一〇 之経《ユキツネ》―

一一 経基
応仁ノ大乱ニ勝元ニ党シ、勇名ヲ轟シ、世ニ鬼吉川、又狙吉川ト称ス
永正十七年正月八日歿、享年九十三

女
石州二山城主出羽室

女
石州福屋石見守教兼室

元信

経清

一二 国経
永正八年八月大内義興に従ッテ上洛、同九月船岡山合戦ニ参加偉勲ヲ立ツ、享禄四年六月十六日歿、享年八十九

女
尼子伊豫守経久室
以下女子八人、男子五人アリ

一三 元経
次郎三郎、治部少輔、伊豫守、室毛利備中守弘元女（元就妹）
大永二年三月歿、享年六十四

経長
大塚大蔵大夫

経世
吉川伊豆守

女
石州福屋越中守隆兼室

女
毛利陸奥守元就室
天文十四年十一月三十日歿、享年四十七　法名成室妙玖

元経ヨリ

一四
興経
千法師、次郎三郎、治部少輔、母毛利弘元女
室宍戸安芸守元深女　天文十六年二月、元就の二男元春ヲ養嗣子トスル契約成立、同年八月一日新庄退出、布川ニ隠退、天文十九年九月二十七日、実子千法師ト共に殺害サル　享年三十三

一五
元春
享禄三年誕生、母吉川国経女、妻熊谷信直女
天文十六年二月吉川興経養嗣子、天文十七年新庄小倉山入城、天正十年十二月家督ヲ長子元長ニ譲リ隠退、
天正十四年十一月十五日小倉陣中病歿　享年五十七

女
武田刑部少輔光和室

女
山懸上總介光頼室

女
小笠原弥次郎長雄室

一六
元長
少輔次郎、治部少輔、初名元資、天文十八年誕生、母熊谷信直女、室宍戸隆家女、
天正十年十二月家督相続、天正十五年六月五日日向国都、公里の営に陣歿　享年四十一

元氏
宮内大輔、左近允、伊勢守、母熊谷信直女
室仁保常陸介隆有女、寛永八年閏十月十六日歿　享年七十六歳

女
益田越中守元輝室

一七
広家
侍従蔵人頭　永禄四年十一月一日誕生、母熊谷信直女
室宇喜多秀家姉、天正十五年六月元長ノ遺言ニヨリ家督相続、仝年九月広家ト改称（初名）
天正十九年六月出雲国富田ニ移住、文禄・慶長ノ両役ニ出征シテ偉勲ヲタツ、慶長六年五月岩国ニ転封
同七年横山城修築、寛永二年九月二十一日歿　享年六十五

# 小早川氏略系

實平（土肥次郎、頼朝に属し武勲をたて 安芸国沼田荘高山に居住）―遠平（早川）―景平（次郎、相州小早川の祖、実は平賀義信の子 遠平の養子となる）―茂平（小早川）

茂平
- 雅平（沼田小早川の祖 沼田高山に居住）―朝平（始宮方 後武家方）―宣平―貞平―春平―則平
- 政景（四郎竹原小早川の祖）

則平―熙平（應仁の乱に勝元に属し偉勲をたつ）―敬平―扶平（永正四年大内義興に従って上洛）―興平―正平（天文十二年五月八日 出雲鵰巣川にて討死）

正平
- 繁平（又鶴丸 幼時より失明）―隆景（毛利元就三男、天文十九年繁平の後を継承 秀秋に家をゆずった後は備後三原に隠退 慶長二年歿）―秀秋（金吾中納言 秀吉の室、高台院の兄木下家定の子）
- 女（隆景室）

## 堀尾吉晴【ほりおよしはる】

天文十二年（一五四三）―慶長十六年（一六一一）

堀尾吉晴は天文十二年（一五四三）尾張国丹羽《にわ》郡御《ご》供所《しょ》村に生まれた。父は堀尾泰晴（後吉久といった）という。堀尾氏は天武天皇の第九皇子高市《たけち》親王の後裔で、高階泰経《たかしなやすつね》の後であり、その曽孫邦経の時から尾張国丹羽郡に住し、代々尾張の豪族となっていた。吉晴の俗名は仁王丸といい、長じて小太郎と称したが、元服してからは茂助といった。

十六歳の初陣に一番首を取ったといわれ、後、織田信長に仕え、秀吉に配属して各地に転戦して功績をあげたので、天正元年（一五七三）には、秀吉の領地近江長浜（琵琶湖の東北岸）の内から百五十石をさいて賜り、更に天正五年（一五七七）には、播磨に於て百五十石を加増され、天正八年（一五八〇）二月には、播州三木城（同年陥落、城将別所長治自殺）、天正十年（一五八二）五月七日には、備中国高松城（岡山市）の攻撃に参戦、天正十年（一五八二）六月二日、本能寺に於て織田信長が明智光秀に殺されると、毛利征討中であった秀吉は、六月四日城将清水宗治《むねはる》の切腹を条件に毛利氏と和睦した。その時、宗治の切腹に検死役となったのが吉晴であった。毛利と和睦した秀吉は、直ちに姫路に引き返し、十二日には尼が崎に進出していた。この時、光秀の兵一万五千は山崎（大阪府島本町）に陣していたのである。

山崎村にある標高二七〇メートルの天王山は、淀川をはさんで男山と相対し、京都盆地と大阪平野を分かつ隘路《あいろ》に聳えていた。山崎合戦の勝敗を決するには、両軍のうちどちらかが早く此処を占拠するかということであった。秀吉の命を受けた吉晴が、堀秀政と協力して行動を開始すると、一足早く明智勢は山を占拠していたので、吉晴は奪迅してこれを一蹴し、完全に天王山を占領し、六月十四日一挙に明智光秀を殲滅することが出来た。本能寺の変があってから僅かに十二日目である。秀吉はその功をほめ、丹波の国で三千五百石を加増して吉晴に与えた。天正十一年（一五八三）

四月、秀吉が佐久間盛政（母は柴田勝家の妹）を討った時には、吉晴は賤が岳（長浜市）の先鋒となり、またそれから三日後、秀吉が北庄（勝家の居城、現在の福井市）に柴田勝家を亡ぼした時にも、これに従って大功があった。

吉晴は度重なる大功によって、若狭国小浜に一万七千石を賜ったが、また近江坂本に移って三千石を加増された。天正十二年（一五八四）小牧・長久手の戦いに家康と戦った秀吉は、これに勝てなかったが、吉晴は羽黒の故塁を守り徳川勢を食いとめててがらがあった。斯くの如き軍功により、天正十三年（一五八七）七月には、近江佐和山（彦根市）に転じて四万石を賜り、天正十五年（一五八七）九州征伐後、従五位下帯刀《たてわき》に任ぜられ、天正十八年（一五九〇）小田原役には山中城を攻めて殊勲があったが、長男金助はこの時戦死した。同年七月には遠州浜松に封ぜられ、十二万石に加増された。

慶長三年（一五九八）八月十八日、秀吉が六十三歳で薨じると、石田三成は前田利家にすすめ、徳川家康を殺させようとしたが、吉晴はその間に入って色々斡旋したので、家康は遂に事なきを得た。これを深く多とした家康は、慶長四年（一五九九）二月、越前府中に隠居分として五万石を吉晴に賜った。

慶長五年（一六〇〇）二月、石田三成は上杉景勝と通じ、家康を討たんとの陰謀をめぐらした。七月家康は景勝征討を名として京都を出発、江戸へ入ることとなった。その時、家康は京阪の情勢が不安だったので、吉晴に命じ、越前にいて近江佐和山城主石田三成の動静を探らせる事とした。よって吉晴は浜松から府中（越前市）へ赴かんとして、七月十九日三河国池鯉鮒《ちりふ》（知立市）まで来た時、吉晴の親友三河国刈屋城主水野和泉守忠重の招きを受けて刈屋（刈谷市）を訪れた。たまたまその時、石田三成と親交のあった加賀井秀望《ひでもち》（重望ともあり）とも行きあった。秀望は三成の秘命を受け、両人を説得して三成に味方すればよし、さもなければ両人を斬り捨てるよう命ぜられていた三成の刺客であった。三人は大いに飲み、また大いに語って、時刻の移るのを忘れていた。吉晴は酩酊《めいてい》して柱にもたれうつうつしている時、秀望は立ちあがるや否や一刀のもとで忠重を刺し殺し、返す刀で吉晴に斬りつけて来た。驚いた吉晴は応戦して秀望を斬りたおした。瞬間の出来事であった。物音に驚いて駆けつけた忠重の家来たちは、生き残っている吉晴を取り囲んで一斉に斬りつけて来た。創《そう》を受けた所へ、家来の奈良伊織が変を聞いて駆けつけて来たので、吉晴は危い所をのがれ、浜松に帰ることが出来た。吉晴は一時は疑われたが、秀望の死体から三成の秘書が現われ、また居合わせた小姓から真相がわかったので、家康は書面をもって懇ろに創の見舞をしたばかりでなく、忠重のためにその仇を殺した事についても、深くこれを賞讃した。

慶長五年（一六〇〇）九月十五日、関ヶ原の戦後論功行賞によって、吉晴・忠氏父子は雲隠二十三万五千石の大守として、同年十一月富田城に入城したが、吉晴は池鯉鮒で受けた傷がなおらず、到底政務を見るに堪えられなかったので、大守は忠氏にゆずり、自分は後見することを願い出て、翌六年になってこの事が許された。

慶長八年（一六〇三）三月忠氏は改めて出雲守に任ぜられたが、翌慶長九年（一六〇四）八月四日忠氏は富田城内で病死、その遺児三之助（後年の忠晴）は年ようやく六才であった。吉晴夫妻は幼年の三之助を伴い、慶長十年四月伏見城に於て家康に謁見、「忠氏亡きあとは遺児に封土の安堵を得ますよう」願い出て、家康も快くその願いを聞き入れた。

松江城移城のことについては、忠氏在世の慶長八年、幕府よりすでに許可を受けていたが、思いがけない忠氏の卒去によって三年の空白が生じ、愈々工事に着手したのは慶長十二年（一六〇七）四月であった。吉晴は工事監督のため松江に滞在することとなった。その留守中富田城内に於て思わぬ家騒動が起こった。

吉晴の長女勝山は野々村河内守（堀尾吉晴の一番家老で堀尾姓を賜った）に嫁し、一子勘解由《かげゆ》（掃部《かもん》ともあり）を生んだ。河内守は堀尾氏の一番家老として極めて勢力があり、堀尾姓を賜って堀尾河内守となのり、亀田山築城の際には、幼君三之助君を預り、富田城内に留守居として残っていた。この時、河内守は吉晴はすでに六十一歳という高齢であり、三之助は九歳になったばかりである。それに比べわが子の勘解由はすでに十五歳に成長している。堀尾家のあとつぎは勘解由がよかろうと、妻の勝山を説いて吉晴に願い出させたが、この時すでに三之助は忠氏の世つぎとなることが家康から許されていたので、もとより斯様なことが聞き届けられる道理はなかった。子の盲愛に眼のくらんだ河内守夫妻は、非常手段に訴えようとしたが、忠誠の家来たちによって無事脱出に成功、事あらわれた河内守父子は、一旦隠岐に流されたが、後、河内守は隠岐で死を賜り、追放になった勘解由は京へのがれ、慶長十三年（一六〇八）十二月五日京都で相果てた。月山七曲りの中腹にある通称親子観音と称する石龕《せきがん》に納められてある宝篋印塔《ほうきょういんとう》は、堀尾河内守父子の墓である。

　吉晴は慶長十六年（一六一一）六月十七日、松江城の完成を目前に控え、松江城内に於て卒した。年六十五歳で、法雲院殿前佩帯《さきのはいたい》松庭世柏大居士と諡《おくりな》した。遺言によって富田に帰葬した。巌倉寺の境内にある五輪塔（地・水・火・風・空）は吉晴の墓である。

　松江築城のことはもともと忠氏の発案であり、忠氏は最初から徳川秀忠の家来であった。不幸にして忠氏が早く世を去った以上、そのあとをつぐのはその子の忠晴である。その事は家康より許しを受けている。これを考える時、自分のなきがらは始封の地富田に埋めることこそ大義名分であると吉晴は考えたのである。

## 堀尾忠氏【ほりお-ただうじ】

**天正五年（一五七七）—慶長九年（一六〇四）**

　堀尾吉晴の長子は金助といった。天正十八年（一五九〇）六月十二日、十八歳の時小田原陣中で病没したので、次子忠氏が家を継ぐこととなった。忠氏は天正五年（一五七七）に生まれ、幼名を弥助といった。成人して信濃守となり、慶長八年（一六〇三）三月従四位下に叙せられ出雲守に任じたが、八月にいたり将軍秀忠の偏諱《へんき》を賜って忠氏となのった。忠氏の母は兄金助と同様、吉晴の正室で尾張津田党の女であった。大《おお》方《かた》夫人とはこの人のことである。

慶長五年（一六〇〇）二月、家康が上杉景勝を討たんとして東上した時、忠氏は秀忠に従って野州宇都宮にとどまっていた。八月一日西軍は伏見城をおとしいれ、東西両勢力の対決は避け難くなってきたので、九月一日家康は江戸城を出発した。当時忠氏はまだ二十二才の青年であったが、人物もすぐれ智謀にもたけていたので、先鋒の山内一豊と共に、海道筋の諸大名に説いて徳川陣営に加入させた。かくして慶長五年（一六〇〇）八月二十二日、関ヶ原合戦の前哨戦ともいうべき美濃国川越の合戦はおこった。この時忠氏はよく奮戦し、敵の首一二四級を得、これを江戸城に献上して家康より感状を受けた。九月十五日の関ヶ原合戦の時、忠氏は大垣城の押えを命ぜられて、戦場にその英姿を見ることは出来なかった。

これより前七月二十四日、家康と秀忠とは上杉景勝を討たんとして、野州小山（小山市、祇園城、後本多上野介正純の領となる）に出陣した。その時、忠氏の妹に縁組みの話が出ていたが、この度忠氏に抜群の功があったので、秀忠は日光長老の太刀を与えて軍功を称し、忠氏の妹は改めて石川主殿頭忠總《とのものかみただふさ》の妻として腰入れさせることとなった。

かくして慶長五年（一六〇〇）十一月の始め、吉晴・忠氏の父子は雲隠両国を拝領して、二十三万五千石の大守となり、雲州富田月山城に入城することとなった。富田城に入った忠氏は富田の地形を見て移城の必要なことを痛感した。

一、出雲一国を統治するのに、富田はあまりに東に偏在し、その上土地柄が狭小である。
二、富田川が天井川となり、洪水の恐れがあるばかりでなく、すでに舟運の便を欠いでいる。
三、堅城ではあるが、砲火の発達しつつある今後、周園の山上から見おろされては防禦の術はない。

かくして移城の決意を堅くした吉晴父子は、城地選定のため島根郡一帯を跋渉《ばっしょう》し、一日白潟南方にある床几山にのぼり、湖水をへだてて北方に横たわる洗合山《あらわいやま》（天倫寺山ともいい、永禄五年毛利元就が富田城攻略の根拠地とした所）と極楽寺山（麓に極楽寺という寺があったのでかく呼ばれたが、頂上に宇賀の宮があったので宇賀山ともいい、また別に亀田山ともいった）との地形を望見し、どちらが城地として最適であるかを比較してみた。その時吉晴は、

「永禄の戦いに元就が築いた洗合山がよい。」

と言ったが忠氏は、

「いかにも洗合は湖畔にそって要害の地ではあるが、山勢が大きく五十万石以上でなければ城を維持することは困難であろう。一方、亀田山は大手には白潟と松江の渡《わたし》をひかえ、搦手には左手には菅田・赤崎・奥谷の深田があって湖水につらなり、右手も沼沢地で土地も低いから、敵に向かい城をつくらせる余地がない。」

という意見であった。ところが慶長九年（一六〇四）八月四日、忠氏は富田城内で突然発病し、二十六歳の短い生涯を終えることとなった。その死因についてはは次の様な話が伝えられている。

慶長九年（一六〇四）七月、城地の調査を終えた忠氏は、富田城への帰途大庭《おおば》の大宮（神魂《かもす》大社ともいい、伊弉冊尊《いざなみ》を祭る。社殿は日本最古の大社造りで、明治三十三年（一九〇〇）四月国宝に指定された）に参詣した。その時忠氏は、

「この地方は一帯に台地で川らしいものもないが、水田の灌漑用水はどうしてまかなうのか。」

「つつみに水をたたえ、それを灌漑用水とします。」

「当神領内には人の近よることのならぬ怪池のあるとのこと、それはまことか。」

すると神官は、

「まことです。そこへ行った者は無事で帰ることは出来ません。」

忠氏は池田輝政（尾張清州の人、妻は家康の二女、天正十二年（一五八四）四月小牧・長久手の役には秀吉に属し、家康と戦い父兄とも討死した。関ヶ原の戦いには家康にしたがい、播磨で五十二万を賜った）と並び称せられた猛将だったので、

「余の領地内にかかる奇怪な場所のあることは許せな

い。検分して見よう。」と出かけた。そこは通称蝮《まむし》谷という蝮の棲息地であったが、八月の孕み蝮は殊に猛毒で、たちまち毒が全身にまわり、大急ぎで富田城に帰館すると、間もなく絶命したといわれている。

　忠氏の墓所について出雲私史には、「墓地未詳」と誌されてあるが、その墓地は明瞭で、月山北方の山麓、新宮谷忠光寺跡の裏山で、明治の始め頃までは、此処に五輪塔があったと伝えられているが、現在では墓石はなく、東・北・西三面にめぐらした丘上の石垣は、いずれも長さ十四・五メートルに及び、ありし日の塋《けい》域《いき》が如何に広壮なものであったかを偲ばせている。忠氏の法号は忠光寺殿前《さきの》雲隠両州大守天岫《てんしゅう》世救大居士と諡《おくりな》した。

　忠氏の夫人は前田玄以の女で、寛永四年（一六二七）三月十七日に卒したが、和歌のたしなみが深く、その辞世は次の如くである。

　　はちすばのにごりにそまぬ花こそは
　　　散りての後も涼しかるべし

法名長松院殿直諦紹聖大姉と諡し、京都妙心寺境内に葬った。忠氏の次子は幼くして死んだので、桐岳宗秋童子と諡し、忠氏室がその菩提を弔うため、富田の桜崎に桐岳寺を建てたが、慶長十八年（一六一三）松江の奥谷に移し現在に及んでいる。

# 堀尾氏略系

天武天皇―高市親王―長尾王―泰晴―吉晴

吉晴　小字堀尾小太郎茂介、帯刀先生、慶長十六年六月十七日卒、六十五歳、号、法雲院殿前佩帯松庭世柏大居士

- 女　勝山ト号ス、野々村河内守ノ妻、勘解由（一本掃部）母
- 金助　天正十八年相州小田原陣中戦死
- 忠氏　小字堀尾弥助、慶長九年八月四日卒、年二十六歳　号、忠光寺殿前雲州大守天岫世球大居士
  - 忠晴　小字三ノ介、堀尾山城守、侍従、母前田徳善院玄以法印女　寛永十年癸酉九月二十四日卒、号、円城寺殿前雲州大守拾遺高賢世肖大居士
  - 男子　夭
- 女子　七人アリ

〈参考文献〉

陰徳太平記……………香川正矩
雲陽軍実記……………河本隆政
出雲私史………………桃節山
吉川元春………………瀬川秀雄
山中幸盛………………谷口廻瀾
尼子の一族……………米原正義
風雲の月山城…………米原正義
戦国尼子実記…………細井鵲郎
上月城物語……………竹本春市
山陰の武将……………藤岡大拙・藤沢秀晴
尼子裏面史……………岡崎秀雄
鹿野小誌………………瀧中菊太郎
島根県史

# 尼《あま》子《ご》氏《し》関《かん》連《れん》武《ぶ》将《しょう》事《じ》典《てん》

二〇一七年四月一日　初版第一刷発行
二〇一九年十月一日　第二刷発行

編著者　島《しま》根《ね》県《けん》広《ひろ》瀬《せ》町《ちょう》観《かん》光《こう》協《きょう》会《かい》
（現安来市観光協会広瀬支部）
妹《せ》尾《お》豊《とよ》三《さぶ》郎《ろう》

発　行　ハーベスト出版
〒六九〇―〇一三三
島根県松江市東長江町九〇二―五九
ＴＥＬ　〇八五二―三六―九〇五九
ＦＡＸ　〇八五二―三六―五八八九

印刷・製本　株式会社谷口印刷



Printed in Shimane Japan
ISBN978-4-86456-222-5 C0021